ANLEGERSTRATEGIE

CORNELIUS R. SPAHN

Cornelius R. Spahn, 1964 in Frankfurt a. M. geboren, studierte Recht, Betriebswirtschaftslehre und Volkswirtschaftslehre in seiner Geburtsstadt und St. Gallen (Schweiz). An der Universität St. Gallen schloss er seine Studien als lic. oec. ab. Ausgehend von seiner Abschlussarbeit begann er an der Vorhersage von Devisenrenditen zu arbeiten und ein allgemeines quantitatives Market-Timing-Modell zu entwickeln, welches auf allen Anlagemärkten anwendbar ist und die Basis für seinen wöchentlich erscheinenden Prognosedienst „The Market Timer" bildet. Mehr Informationen dazu auf www.cornelius-spahn.com

CORNELIUS R. SPAHN

Anlegerstrategie

Möglichkeiten zur erfolgreichen Geldanlage in einer schwierigen Zeit

aktualisierte und erweiterte Ausgabe 2017

Bibliografische Information der Deutschen Nationalbibliothek:
Die Deutsche Nationalbibliothek verzeichnet diese
Publikation in der Deutschen Nationalbibliografie,
detaillierte bibliografische Daten sind im Internet
über http://dnb.dnb.de abrufbar.

Herstellung und Verlag:
BoD – Books on Demand, Norderstedt

ISBN 978-3-7448-7112-9

Meiner Mutter

Crescentem sequitur cura pecuniam

(Dem wachsenden Geld folgt die Sorge.)

Horaz, «Oden» III, 16, 17.

Inhaltsverzeichnis

Vorwort

Das Interesse am erfolgreichen Geldanlegen muss zumeist nicht mühsam geweckt werden, sondern entsteht zusammen mit dem eigenen Geld. Kein Interesse dafür zu haben, gilt – wohl nicht zu unrecht – als unvernünftig.

Abgesehen von Bequemlichkeit gibt es Rechtfertigungsversuche für Desinteresse auf der Grundlage eines moralischen Rigorismus. Danach sei es verwerflich, in einer Welt der Knappheit persönlich über Mittel für eine Geldanlage zu verfügen, und eigensüchtig, diese auch noch für sich selbst erfolgreich vermehren zu wollen.

Doch dieses Argument verfängt nicht, weil eine Geldanlage regelmäßig auch für die gesamte Volkswirtschaft und damit für die gesellschaftliche Wohlfahrt umso nützlicher ist, je erfolgreicher sie für den einzelnen Anleger ist. Dienst an der eigenen Geldanlage ist daher in Wahrheit zugleich Dienst am Mitmenschen. Auf dieser Grundlage stellt sich der Erfolg ja überhaupt erst ein.

Damit sind der allgemeinen, das Thema einordnende Worte genug vorangestellt und wir können nach zwei weiteren, das Vorwort abschließenden Sätzen mit dem eigentlichen Vortrag beginnen.

Für eine aufmerksame Durchsicht des Manuskripts und viele hilfreiche Bemerkungen danke ich Herrn Dr. Peter G. Delbrück besonders herzlich.

Gerne reagiere ich auch auf Ihre Anregungen und biete Ihnen deshalb die Gelegenheit, mich per E-Mail anzuschreiben: anlegerstrategie@cornelius-spahn.com.

Rodgau, im November 2013   C. R. Spahn

Vorwort zur Ausgabe 2017

Neben einer Aktualisierung der Daten wurde das II. Kapitel um den Abschnitt „Langfristperspektive" und das VIII. Kapitel um den Abschnitt „weitere Vorschläge" erweitert. Ansonsten konnte das Büchlein ohne wesentliche Veränderung bleiben.

Rodgau, im Mai 2017   C. R. Spahn

I. Erarbeiten einer persönlichen Anlegerstrategie

Es ist eine altbekannte Einschätzung: Kaum eine Zeit kommt einem so schwierig vor, wie die aktuelle. Das liegt einfach daran, dass wir für die Vergangenheit die Antworten auf die seinerzeitigen Fragen mittlerweile kennen, während die Fragen der Gegenwart noch weitgehend unbeantwortet sind. Doch es sind auch tatsächlich schwierige Fragen, die sich zurzeit stellen und die großteils noch offen sind. Welche Anlagen sind im Angesicht des Ausmaßes der staatlichen Verschuldung sicher? Sind Staatsanleihen wirklich noch risikolos?[1] Wie steht es um die Sicherheit von Bankeinlagen? Was ist von Aktien- und Immobilienanlagen als Alternative zu halten? Und wenn all diese Fragen nicht mehr eindeutig zu beantworten sind, welche Konsequenzen sollten dann gezogen werden?

Eine wichtige Konsequenz ist es: „nicht alle Eier in einen Korb zu legen", das heißt: sein Vermögen auf verschiedene Anlagemöglichkeiten zu verteilen oder, um es mit einem Wort zu sagen: zu diversifizieren.

---

[1] Streng genommen waren ohnehin allenfalls kurzfristige Staatsanleihen völlig risikolos, da langfristige Staatsanleihen stets zumindest das mit einer Änderung des allgemeinen Zinsniveaus verbundene Kursrisiko haben.

Ziel sollte es weniger sein, den großen Coup zu landen, als vielmehr große Fehler zu vermeiden. Vieles, was sich im Nachhinein als Fehlanlage herausstellte, schien zunächst einmal besonders vielversprechend oder zumindest bequem zu sein.

Bequemlichkeit ist ein wichtiges Stichwort. Jeder sollte sich darüber klar werden, wie viel Aufmerksamkeit und Zeit er seinen Anlagen schenken möchte. Denn damit wird der Rahmen möglicher Anlagen und der erzielbaren Ergebnisse abgesteckt. Es ist eine Illusion zu glauben, ohne diesen Einsatz zu guten Ergebnissen dauerhaft kommen zu können. Kurzfristig kann diese Wahrheit von Glück oder Pech überlagert sein, doch langfristig führt an ihr kein Weg vorbei.

Risiko und Langfristigkeit sind der nächste bedeutende Aspekt, den es bei der Anlage zu bedenken gilt. Wer auf sein Geld kurzfristig nicht zugreifen können muss, kann es langfristig anlegen und auftretende kurzfristige Schwankungen im Wert der Anlage einfach aussitzen. Er kann auf diese Weise mehr Risiken eingehen und die damit verbundenen Ertragschancen zusätzlich wahrnehmen. (Buch-)Verluste hinnehmen und als vorübergehend aussitzen ist jedoch nicht so einfach wie es klingt, sondern stellt durchaus Anforderungen an die Psyche eines Anlegers. Hier kommt der Erfahrung eines Anlegers eine große Bedeutung zu. Bezeichnend ist in diesem Zusammenhang der Spott von der „gewonnenen Erfahrung".

Ein geflügeltes Wort dafür, dass auf den Finanzmärkten nichts verschenkt wird, ist der Ausspruch: „there is no free lunch". Und tatsächlich ist es besonders teuer, sich der Illusion hinzugeben, sein Geschäftspartner verdiene nichts an dem mit ihm durchgeführten Geschäft. Denn hierdurch wird deutlich, dass sich der Anleger nicht über sämtliche finanziellen Aspekte des Geschäfts im Klaren ist. Ein Zustand, der misstrauisch machen sollte und danach verlangt, beseitigt zu werden. Es ist sinnvoll, sich auf Geschäfte zu beschränken, die für ihre vollständige Klärung nicht das Maß an Aufmerksamkeit und Zeit überfordern, das der jeweilige Anleger aufzuwenden bereit ist. Darüber hinaus gibt es für den Anleger keine realistischen Ertragschancen, denn es lässt sich in Wahrheit nicht ohne Anstrengung des eigenen Verstandes im Schlaf Geld verdienen. Vielmehr gilt auch hier der bereits oben erwähnte Grundsatz: „there is no free lunch".

Es führt kein Weg an der Forderung vorbei, sich selbst ums Geld anlegen zu kümmern und zwar schon deshalb, weil bei der Geldanlage, wie in allen anderen Bereichen des Lebens, die letzte Entscheidung stets selbstbestimmt getroffen werden sollte. Denn die Auswirkungen der Entscheidungen müssen auch höchstselbst getragen werden. Kein Expertenwissen ist so komplex, dass es sich nicht in entscheidungsrelevanten Grundzügen darlegen ließe, und wäre es wert, dafür auf eine selbständige Entscheidung zu verzichten. Damit kommt aber auch kein Anleger um das Erarbeiten einer persönlichen Strategie herum. Eine Strategie, für die dieses Büchlein auf den folgenden Seiten einen Rahmen absteckt. Es werden Möglichkeiten aufgezeigt, sein Geld anzulegen. In welchem Umfang von den einzelnen Vorschlägen Gebrauch gemacht werden sollte, bestimmt sich neben der konkreten Zukunftseinschätzung im Augenblick der Anlage wesentlich nach den zuvor genannten Kriterien. Das heißt: der Anleger sollte sich die Fragen beantworten, wie viel Aufmerksamkeit er seinen Anlagen widmen kann, wie langfristig er anlegt und wie viel Risiko er zu übernehmen bereit ist. Schließlich sollte er sich darüber im Klaren sein, dass auf den Finanzmärkten nichts verschenkt wird. Das Gefühl, ein besonderes Schnäppchen vorliegen zu haben, deutet zumeist darauf hin, das in Frage stehende Geschäft nicht vollständig verstanden zu haben.

Die persönliche Anlegerstrategie berücksichtigt oben beschriebene Kriterien und ergibt sich als individuelle Ausschöpfung der im Folgenden vorgestellten Anlagemöglichkeiten. Dabei ist das Büchlein so gegliedert, dass mit den elementaren Anlagemöglichkeiten begonnen wird und dann die weiteren Möglichkeiten mit zunehmender Komplexität und Anforderungen an den Anleger an immer späterer Stelle vorgetragen werden. Idealerweise gehen wachsendes Vermögen und persönlicher Einsatz dafür Hand in Hand. Schwierig wird es hingegen immer dann, wenn einem großen Vermögen keine nennenswerte Bereitschaft, sich darum zu kümmern, gegenübersteht, oder einem großen Interesse die Substanz eines Vermögens fehlt. Wie auch immer, Ausgangspunkt jeder persönlichen Strategie ist die persönliche finanzielle Situation. Sich über diese klar zu werden, dient das folgende Kapitel, welches die Basis für die individuelle Ausschöpfung der nachfolgend vorgestellten Anlagemöglichkeiten bildet und deshalb diesen vorangestellt wurde.

Zum Schluss dieses Kapitels wollen wir noch kurz auf das Verhältnis zur Altersvorsorge zu sprechen kommen; ein ähnliches und doch anderes Thema. Einerseits ist klar, dass Altersvorsorge ein wichtiges Motiv für Geldanleger ist. Andererseits werden oder können zumindest mit dem Geldanlegen auch noch andere Ziele verfolgt werden. Vermögen ist ein Quell für Unabhängigkeit und frei disponibel, es kann vererbt werden und soll einfach nur wachsen. Das Vermögen kann daher sowohl mit den verfolgten Zielen als auch seiner Höhe nach über das Bedürfnis Altersvorsorge hinausgehen. Auf der anderen Seite kann das persönliche Vermögen auch lediglich ein Baustein für die Altersvorsorge sein. Ein weiterer wichtiger Baustein dürften private oder gesetzliche Rentenansprüche sein, auf die wir hier im Einzelnen nicht eingehen. Nur so viel: Zum einen lassen sich Rentenzahlungen problemlos bei *den persönlichen Einnahmen und Ausgaben* berücksichtigen, zum anderen entspricht das Stammrecht der Rente bis auf wenige Ausnahmen einer besonderen Variante der Anlageart *Bond*.

II. Berechnungen als Ausgangspunkt

1. Die persönlichen Einnahmen und Ausgaben

Es ist nicht damit getan, nur das persönliche Vermögen als solches zu erfassen. Vielmehr kommt es auch darauf an, die persönlichen Einnahmen und Ausgaben eines Jahres zu kennen, um zu wissen, welcher Einnahmeüberschuss (Ersparnis) möglich ist oder welcher Ausgabeüberschuss (Defizit) gedeckt werden muss. Hieraus ergeben sich zum einen Veränderungen des Vermögens und zum anderen Anforderungen an seine Anlage.

Die Erfassung der persönlichen Einnahmen und Ausgaben eines Jahres lässt sich ziemlich einfach anhand der Kontoauszüge vornehmen und kann dem in *Tabelle 1* wiedergegebenen Schema folgen. Am besten wird dieses in einem Computer als Spreadsheet umgesetzt. Informativ ist das Nebeneinanderstellen mehrerer Jahre, so dass eine Entwicklung sichtbar wird. Darüber hinaus ist es wichtig nicht nur vergangenheitsbezogen zu arbeiten, sondern auch zukünftige Jahre abzuschätzen und sich über Chancen und Risiken klar zu werden.

Tabelle 1

**Zusammenstellung der persönlichen
Einnahmen und Ausgaben**

	EUR im Jahr
Nettogehalt oder entnommener Gewinn	
Finanzamt	
Einnahmen insgesamt	
Überweisungen	
Fahrzeug	
Krankheitsausgaben	
Erstattung von Krankheitsausgaben	
...	
Sonstiges	
Lastschriften	
Miete/Nebenkosten	
Strom/Telekom/Rundfunk	
Krankenversicherung	
Lebensversicherung	
...	
Sonstiges	
Kartenausgaben	
Urlaub	
Fahrzeug	
...	
Sonstiges	
Barausgaben	
Ausgaben insgesamt	

Während die Einnahmen in der Regel nur wenige Bu-
chungen ausmachen, bestehen die Ausgaben aus einer
Vielzahl von Kontobewegungen und lassen sich einfach in Überweisungen, Lastschriften, Kartenausgaben
und Barausgaben gliedern. Eine weitere Untergliede-
rung ist nicht erforderlich, aber illustrativ. Sie ist durch
die kursiv geschriebenen Positionen in *Tabelle 1* bei-

spielhaft angedeutet und erleichtert es, sein Ausgabe-
verhalten zu analysieren. Damit können problemati-
sche Entwicklungen schneller erkannt und korrigiert
werden. Darüber hinaus verbessert sich die Grundlage
für das Abschätzen zukünftiger Ausgaben.

2. Das persönliche Vermögen und seine Veränderungen

Es sind nicht nur der Wert der einzelnen Vermögensgegenstände, sondern ebenfalls die von ihnen ausge-
schütteten Zinsen und Dividenden zu berücksichtigen.
Tabelle 2 gibt das Schema vor, nach dem je Vermö-
gensgegenstand sowohl die Ausschüttung eines Jahres
als auch der Wert zum Jahresende zu erfassen sind. Die
Summe aller Ausschüttungen stellt die insgesamt ver-
einnahmten Zinsen und Dividenden dar. Sie sollten
allesamt brutto, das heißt: vor Steuerabzug erfasst
werden. Die jährlichen Steuern werden dann in der
nächsten Zusammenstellung – vgl. *Tabelle 3* – anhand
der Jahressteuerbescheinigung summarisch erfasst und
in Abzug gebracht. Im letzten Abschnitt von *Tabelle 2*
werden die jährlichen Ausschüttungen eines Vermögensgegenstandes mit seinem Wert zum Vorjahresende verknüpft. Hierdurch ergibt sich die Ausschüttungsrendite bzw. seine Gesamtrendite, wenn darüber
hinaus zusätzlich die Veränderung im Wert des Vermögensgegenstandes berücksichtigt wird.

Tabelle 2
**Zusammenstellung des persönlichen
Vermögens mit seinen Ausschüttungen**

	EUR im Jahr bzw. zum Jahresende
Ausschüttung zu	
Vermögensgegenstand 1	
Vermögensgegenstand 2	
...	
Ausschüttung insgesamt	
Vermögenswert von	
Vermögensgegenstand 1	
Vermögensgegenstand 2	
...	
Vermögenswert insgesamt	
Rendite von	
Vermögensgegenstand 1	
Vermögensgegenstand 2	
...	
Rendite insgesamt	

Die genaue Berechnung der Renditen wird im nächsten Abschnitt ausführlich dargestellt. Zunächst geht es aber darum, die in *Tabelle 2* ermittelten Beträge für den „Vermögenswert insgesamt" als „Gesamtvermögen" und die „Ausschüttungen insgesamt" als „Zinsen und Dividenden" in *Tabelle 3* zu übertragen. Dort werden sie in den größeren Zusammenhang der Veränderung der Vermögenshöhe gestellt. Als erstes werden die Zinsen und Dividenden um die Positionen Handelserfolg, Kosten und Steuern ergänzt und mit diesen zum laufenden Erfolg verknüpft.

Tabelle 3
**Zusammenstellung der Veränderungen des
persönlichen Vermögens**

	EUR im Jahr bzw. zum Jahresende
Gesamtvermögen	
Zinsen und Dividenden	
Handelserfolg	
Kosten	
Steuern	
Laufender Erfolg	
in % des Gesamtvermögens	
Einnahmen	
Ausgaben	
Ersparnis/Defizit	
in % des Gesamtvermögens	
Außerordentliches	
Abstimmungsdifferenz	
Einlage/Entnahme	
Kumulierte Einlagen	
Steuerrückstellungen	
Kumulierte Gewinne	
Gewinn/Verlust	
in % des Gesamtvermögens	

Der Handelserfolg gibt das Ergebnis von Vermögensgegenständen wieder, die innerhalb des in Frage stehenden Kalenderjahres gekauft und wieder verkauft worden sind. Diese Position spielt nur im Zusammenhang mit Market-Timing-Aktivitäten eine größere Rolle und dürfte für viele Anleger keine Bedeutung haben. Die Position Kosten besteht zumeist aus Bankspesen wie Kontoführungs- und Depotgebühren. Die

Spesen, die beim Kauf und Verkauf von Wertpapieren anfallen, sind aber nicht hier, sondern als Bestandteil des jeweiligen Anschaffungswertes zu erfassen. Zu den Steuern wurde bereits ausgeführt, dass sie der Jahressteuerbescheinigung entnommen werden können. Der sich ergebende laufende Erfolg ist eine wichtige Zwischengröße, die auch als Prozentsatz des Gesamtvermögens ausgedrückt werden sollte.[2] Ihre Entwicklung über die Jahre sollte eingehend verfolgt werden. Zudem gibt deren Höhe einen Wert an, der im langfristigen Durchschnitt als Defizit aus den die Einnahmen übersteigenden Ausgaben zumeist gut verkraftet werden könnte.

„Defizit" ist das Stichwort für den nächsten Abschnitt in *Tabelle 3*. Hier werden die in *Tabelle 1* ermittelten Summen von Einnahmen und Ausgaben übertragen und verrechnet, so dass sich entweder ein Einnahmeüberschuss (Ersparnis) oder ein negativer Wert (Defizit) ergibt. Auch dieser Betrag kann zusätzlich als Prozentsatz des Gesamtvermögens ausgewiesen werden.[2] Das Verfolgen der Entwicklung über die Jahre ist ebenso wie das Abschätzen zukünftiger Werte informativ und bietet Ansatzpunkte einzugreifen. Die Positionen Außerordentliches und Abstimmungsdifferenz nehmen zum einen Ereignisse wie beispielsweise Erbschaft oder Auszahlung einer Lebensversicherung auf und geben

---

[2] Berechnung durch Logarithmieren analog zur Ausschüttungsrendite, wie für diese im Abschnitt „Renditen, Wachstumsraten und Volatilität" erläutert wird.

zum anderen summarisch nicht erfasste (Klein-)Vorgänge wieder. Sie sind die Überleitung der Ersparnis bzw. des Defizits zur Einlage oder Entnahme. Diese ergeben, über Jahre aufaddiert (kumuliert), jenen Teil des gesamten Reinvermögens, der nicht aus Gewinnen stammt, sondern „eingelegt" wurde.

Neben den Positionen kumulierte Einlagen und kumulierte Gewinne gibt es seit 2009 für Deutschland noch sinnvollerweise die weitere Position Steuerrückstellungen. Diese Position enthält die (latenten) Steuern auf Wertsteigerungen nach 2008 angeschaffter aber noch nicht veräußerter Vermögensgegenstände und geht zu Lasten der Position kumulierte Gewinne. Dessen ungeachtet können die kumulierten Gewinne als Differenz zwischen dem Gesamtvermögen und den kumulierten Einlagen bestimmt werden. Dann ergibt sich der Gewinn bzw. Verlust eines Jahres als Veränderung der Position kumulierte Gewinne und muss im Einzelnen nicht ermittelt werden. Andererseits kann auch der jährliche Gewinn oder Verlust im Einzelnen ermittelt werden und über die Jahre zum kumulierten Gewinn zusammengefasst werden. Die kumulierten Einlagen können dann auch als Differenz zwischen Gesamtvermögen und kumulierten Gewinn bestimmt werden. Die Gegenüberstellung dieser kumulierten Einlage mit der auf dem direkten Weg bestimmten, ergibt dann den summarischen Betrag der Abstimmungsdifferenz. Damit wäre auch noch die Frage geklärt, wie diese summarisch ermittelt wird.

Hält der Anleger eine Reihe von Sachwerten, wozu wir auch die meisten Aktien zählen, dann wird zum einen der langfristige Durchschnitt der Gewinne und Verluste in der Regel höher sein als der des laufenden Erfolgs, weil die übliche Wertsteigerung eine weitere Komponente des Erfolgs ist, und zum anderen der Verlauf größere Schwankungen aufweisen, weil im Rahmen der periodenbezogenen „Wertsteigerungen" auch negative Werte auftreten können. Die entscheidende Zielgröße ist der langfristige Mittelwert des Gewinns und nicht der des laufenden Erfolgs. Letzterer ist lediglich insoweit von Interesse, als er einen besonders schwankungsarmen und leicht entnehmbaren Teil des langfristigen Gewinns darstellt.

3. Renditen, Wachstumsraten und Volatilität

Bei der bereits oben angekündigten Berechnung von Renditen ist auf eine Besonderheit hinzuweisen. Sie sollten nicht einfach als Dezimalbruch aus Ausschüttung und Kurs des Vermögensgegenstandes ermittelt werden, sondern vielmehr als *logarithmus naturalis* (ln) dieses mit 1 addierten Quotienten bestimmt werden. Im Zeitalter von Taschenrechnern und Computern ist dies eine bewältigbare Herausforderung. Es gilt folglich für die Ausschüttungsrendite folgende Formel:

Ausschüttungsrendite $= \ln (1 + Ausschüttung / Kurs)$

Anderenfalls ist es nicht möglich, den Mittelwert der Renditen für mehrere Jahre als sogenannten „Time-Weighted Return" wie im Folgenden dargestellt einfach arithmetisch zu bestimmen:

$$Mittelwert = (Rendite_1 + Rendite_2 + \ldots + Rendite_n) \, / \, n$$

Wird es trotzdem getan, wird ein beachtlicher Fehler begangen. Dies zeigt sich an folgendem Beispiel: Bei herkömmlicher Berechnung erfordert ein Verlust von 50% einen anschließenden Gewinn von 100% um wieder zum Ausgangsniveau zurückkehren zu können. Demgegenüber entspricht ein herkömmlich berechneter Verlust von 50% gemäß unserer obigen Formel als natürlicher Logarithmus von 0,5 (=1-0,5) einem Wert von -69,31% und ein herkömmlich berechneter Gewinn von 100% entsprechend der Formel als natürlicher Logarithmus von 2 (=1+1) einem Wert von 69,31%. Damit wird klar, dass sich positive und negative Renditen nur dann arithmetisch ausgleichen können, wenn sie als logarithmierte Werte ermittelt worden sind. Ansonsten werden Kraut und Rüben miteinander verrechnet und das Ergebnis ist unsinnig.

Wer Renditen wie von uns gefordert berechnet, wird schnell erkennen, dass bei den für Renditen typischen niedrigen Werten, der Unterschied zu den schlicht als Quotient berechneten Werten sehr klein ist. Er ist jedoch gleichwohl nicht zu vernachlässigen, da er sich über die Addition im Laufe der Zeit zu beachtlicher Höhe kumuliert und die Rechnung gerade dann, wenn es am interessantesten wird, ad absurdum zu führen droht.

Neben der Ausschüttungsrendite ist die Wertsteigerung zu berücksichtigen, die auf einer Veränderung des Kurses beruht. Sie ist zugleich ein Bestandteil der Gesamtrendite und eine Wachstumsrate. Sie wird ebenfalls durch Logarithmieren ermittelt und ergibt sich aus folgender Formel:

$$\textit{Wachstumsrate} = \ln (\textit{Kurs}_n / \textit{Kurs}_1) / (n - 1)$$

In ihrem Zusammenhang wird von exponentiellem Wachstum bzw. stetiger Verzinsung gesprochen, weswegen die durch Logarithmieren ermittelten Renditen auch als stetige Renditen bezeichnet werden.

Soweit das Wachstum der Kurse nicht durch ein Wachstum der Ausschüttungen gestützt wird, sinkt die Ausschüttungsrendite im Zeitablauf. Deshalb ist es interessant, neben dem Wachstum im Hinblick auf die Kurse auch ein solches für die Ausschüttungen zu bestimmen. Hierbei ist in Anlehnung an obige Formel wie folgt zu rechnen:

$$\textit{Wachstumsrate} = \ln (\textit{Ausschüttung}_n / \textit{Aursschüttung}_1) / (n - 1)$$

Die Wachstumsrate des Kurses und der Mittelwert der Ausschüttungsrenditen über einen bestimmten Zeitraum ergibt zusammengezählt den Mittelwert der Gesamtrendite für diesen Zeitraum. Die Gesamtrendite kann jedoch nicht nur summarisch als Mittelwert für den gesamten Zeitraum bestimmt werden, sondern darüber hinaus auch für jedes einzelne Jahr. Sie ergibt sich dann aus folgender Formel:

$$Gesamtrendite_t = Ausschüttungsrendite_t + \ln (Kurs_t / Kurs_{t-1})$$

Die schöne Tatsache, dass der Mittelwert der ermittelten Gesamtrendite der Summe aus Wachstumsrate und Mittelwert der Ausschüttungsrendite genau entspricht, ist dem Rechnen mit logarithmierten Werten zu verdanken und kommt anders ausgedrückt nicht zustande, soweit nicht mit stetigen Renditen gerechnet wird.

Schließlich sei darauf hingewiesen, dass es besonders aussagekräftig ist, die Gesamtrendite nicht nur durch einfaches Zusammenzählen vom Mittelwert der Ausschüttungsrendite und der Wachstumsrate zu bestimmen, sondern auch direkt für alle einzelnen Jahre zu berechnen und dann zu mitteln. Durch letzteres werden nämlich die (kurzfristigen) Schwankungen in der Vermögenshöhe deutlich. Diese stellen ein Risiko dar, für das sich auch eine Maßzahl nach folgender Formel berechnen lässt:

$$Volatilität^2 = \sum_t (Rendite_t - Mittelwert)^2 / (n-1) \quad wobei \; t = 1 \; bis \; n$$

Mathematisch Versierte werden schnell erkennen, dass die sogenannte „Volatilität" nichts weiter ist, als die Standardabweichung der Renditen. Um die Volatilität illustrativer zu machen, wird sie verschiedentlich mit einem Faktor multipliziert und von der erwarteten Gesamtrendite, das heißt: von deren Mittelwert, abgezogen. Dabei wird sich in der Regel ein Verlust ergeben. Wird Normalverteilung der Renditen unterstellt, beträgt der Faktor bei einer Wahrscheinlichkeit von 10% für den Eintritt des (Verlust-)Ereignisses: 1,282 und bei einer (Eintritts-)Wahrscheinlichkeit von 1%: 2,327. Das bedeutet, statistisch ist alle 10 bzw. 100 Jahre ein Verlust in mindestens dieser so aus Mittelwert, Faktor und Standardabweichung (Volatilität) berechenbarer Höhe zu erwarten.

4. Aufteilen des Gesamtvermögens (Asset Allocation)

Die Anlagen der nachfolgenden Kategorien haben sich in der Vergangenheit als Geldanlage bewährt. Auf sie sollte sich der Anleger beschränken. Durch ihren unterschiedlichen Mix kann er eine Vielzahl von Strategien verwirklichen. Dabei kann er sowohl spezifische Anforderungen aus seinen persönlichen Finanzverhältnissen als auch individuelle Zukunftseinschätzungen bezüglich des Umfelds der Anlagen berücksichtigen.

Berechnungen als Ausgangspunkt

Die im Folgenden kurz angeführten Anlagearten werden in den weiteren Kapiteln des Büchleins ausführlich erörtert. Im Einzelnen geht es um:

Cash, dies umfasst sowohl Bankeinlagen in Form von Tages- und Festgeld als auch Anteile an Geldmarktfonds.

Bonds sind Anlagen, die zum einen unmittelbar aus Staatsanleihen, Pfandbriefe und Unternehmensanleihen bestehen und zum anderen Anteile an Rentenfonds einschließen.

Gold kann einerseits in physischer Form, andererseits als Anteile an Goldfonds gehalten werden.

Global Investments bezeichnet Anteile an weltweit anlegenden Aktienfonds mit aktivem Management.

Index Investments sind Anteile an börsengehandelten Aktienfonds (ETFs) mit passivem Management.

Value Investments sind Anlagen in einzelne Aktien, die sich durch regelmäßig wachsende Ausschüttungen auszeichnen.

Immobilien können den Rahmen reiner Geldanlage schnell sprengen und eine unternehmerische Tätigkeit erfordern. Für kleinere Anleger stellt sich zudem das Problem des Klumpenrisikos. Im Fokus stehen hier das selbstgenutzte Wohneigentum und Anteile an offenen Immobilienfonds.

Market-Timing-Aktivitäten werden auch verschiedentlich als Spekulation bezeichnet und beruhen darauf, den jeweiligen (Markt-)Kurs mit Blick auf die Zukunft als niedrig oder hoch einschätzen zu können und dementsprechend zu kaufen oder zu verkaufen. Dies stellt besondere Anforderungen an den Anleger. Er muss bereit sein, viel Aufmerksamkeit und Zeit in die Beobachtung der (Finanz-)Märkte zu investieren. Darüber hinaus ist es bereits nicht leicht, nur die sich heute bietenden Instrumente für eine effiziente Umsetzung des Market Timing zu verstehen und erfolgreich anzuwenden.

Andererseits stellt sich bei jeder Anlage in gewisser Weise die Frage des Market Timing. Auch eine langfristige Anlage, für die der Grundsatz „buy and hold" gilt, möchte niemand zu einem besonders ungünstigen Zeitpunkt vornehmen. Hier kann eine Art von Diversifikation helfen. Wer nicht nur in einem Zeitpunkt ganz groß, sondern in vielen Zeitpunkten ein wenig anlegt, verringert so sein Risiko, komplett daneben zu liegen und wird eine (erträgliche) Mischung aus günstigen und ungünstigen Momenten realisieren.

Während durch oben beschriebenes Vorgehen der richtige Zeitpunkt für die Anlageentscheidung an Relevanz verliert, bleibt die Bedeutung der Vermögensaufteilung für den langfristigen Erfolg hierdurch ungeschmälert und nimmt relativ sogar zu. Die Aufteilung des Vermögens auf verschiedene Anlagearten (Asset Allocation) ist darum bereits der zusammengefasste Ausdruck der Anlegerstrategie. Obgleich die Asset Allocation individuell aufgrund der persönlichen Verhältnisse vorzunehmen ist, wollen wir uns nicht davor drücken, in *Abbildung 1* eine mögliche Aufteilung als Orientierung vorzuschlagen. Dabei haben wir den Anteil der Bonds mit 7% im Hinblick auf die Verschuldungskrise und das zurzeit kaum mehr zu unterbietende Zinsniveau besonders niedrig angesetzt. Daraus folgt ein hoher Aktienanteil von 55%, der sich aus Global Investments, Index Investments und Value Investments zusammensetzt. Immobilien und Market-Timing-Aktivitäten wurden mit einem Anteil von jeweils 10% angesetzt. Sie stellen besondere Anforderungen an den Anleger und können im individuellen Fall aus guten Gründen höher oder niedriger ausfallen. Obgleich Gold zurzeit sehr en vogue ist, sollte sein Anteil den einstelligen Prozentbereich in der Regel nicht übersteigen. Wir schlagen einen dreiprozentigen Anteil vor. Es handelt sich bei der Kategorie Gold um eine einzelne Anlage, die zudem aufgrund von fehlenden Ausschüttungen bei einem steigendem Zinsniveau durchaus Risiken birgt. Das darüber hinausgehende Geschäft mit Rohstoffen sprengt in unseren Augen den Rahmen einer Geldanlage und sollte, soweit überhaupt, allenfalls als Teil der Market-Timing-Aktivitäten betrieben werden.

Abbildung 1
**Vorgeschlagene Aufteilung des Vermögens
(Asset Allocation)**

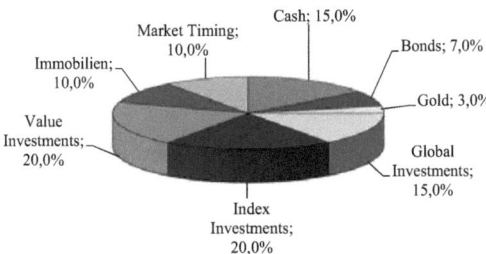

Der Anteil der Position Cash bestimmt sich neben reinen Vermögensüberlegungen auch nach den Anforderungen, die sich aus einem möglichen Defizit im Rahmen der persönlichen Einnahmen und Ausgaben ergeben. Vergleiche hierzu die vorhergehenden Abschnitte. Der hier angesetzte Anteil von 15% Cash berücksichtigt solche besonderen Anforderungen noch nicht und wird deshalb in vielen Fällen durchaus höher zu wählen sein. Umgekehrt kann das Einplanen absehbarer Einnahmeüberschüsse dazu führen, den Cashanteil niedriger anzusetzen.

Berechnungen als Ausgangspunkt

5. Langfristperspektive

Im vorigen Abschnitt wurde in erheblichen Umfang die Anlage in Aktien empfohlen. In diesem Zusammenhang wird vom Anleger eine Langfristperspektive eingefordert. Was das konkret bedeutet und mit welchen Schwankungen zu rechnen ist, wird in diesem Abschnitt am Beispiel des DAX illustriert.

Abbildung 2
DAX (kumulierte stetige Wachstumsraten)[3]

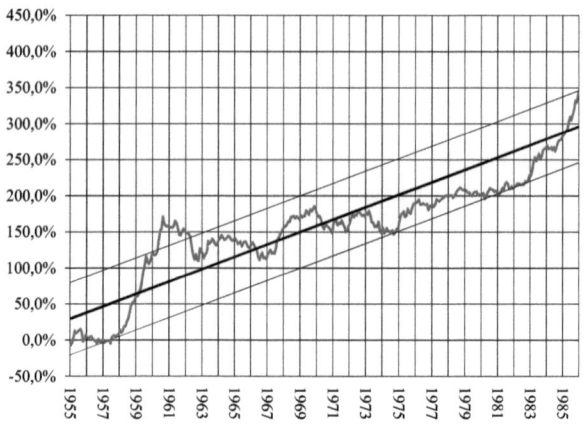

---

3 Eigene Berechnungen führen zu einer logarithmischen Darstellung, siehe hierzu den Abschnitt „Renditen, Wachstumsraten und Volatilität". Es ist sehr vorteilhaft, dass beim DAX als Performanceindex (Gesamt-)Rendite und Wachstumsrate identisch sind. Daten aus der Datenbank auf der Website von OnVista und von R. Stehle. Vgl. R. Stehle u.a., Rückberechnung des DAX für die Jahre 1955 bis 1987, Berlin und Augsburg, 1996.

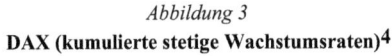

Abbildung 3
DAX (kumulierte stetige Wachstumsraten)[4]

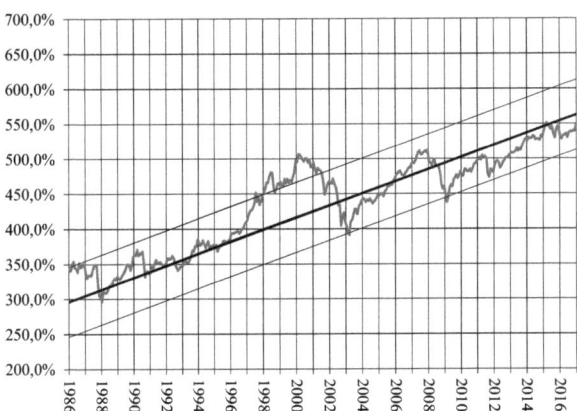

Die *Abbildungen 2 und 3* zeigen die Entwicklung des DAX von Anfang 1955 bis Ende 2016. Dabei beruht die Steigung der dicken schwarzen Geraden auf der im Mittel erwarteten Rendite von 8,60% pro Jahr. Die zittrige Linie entspricht dem tatsächlichen Verlauf des DAX. Die um 50 Prozent nach oben bzw. unten verschobene Regressionsgerade gibt eine Orientierung für Über- bzw. Unterbewertung im Verlauf.

So hat der DAX in den Jahren 1960 bis 1975 sein Niveau kaum verändert, ist aber tatsächlich in dieser Zeit vom Bereich der Überbewertung zu dem der Un-

---

4 Vgl. Fußnote 3.

terbewertung gewandert. Von 1997 bis 2000 war der DAX stark überbewertet und kein guter Kaufzeitpunkt. Andersherum war es dagegen 2002/2003 und 2008/2009. Gleichwohl ist der Kaufzeitpunkt langfristig nicht die Hauptsache, sondern vielmehr muss es darum gehen, über lange Zeit die im Mittel erwartete DAX-Rendite von 8,60% p.a. zu verdienen. Hierfür ist allerdings ein wirklich langer Atem nötig.

Es ist auf alle Fälle beruhigend, dass der DAX im Rahmen dieser langfristigen Betrachtung gegenwärtig (Ende 2016) nicht überbewertet zu sein scheint.

Abbildung 4

DAX-Rendite p.a. (zehn Jahre bzw. bis 1955 zurück)[5]

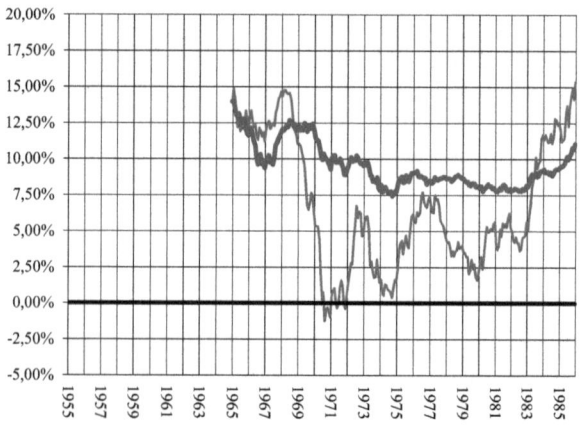

---

5 Eigene Berechnungen. Vgl. für Einzelheiten Fußnote 3.

Die *Abbildungen 4 und 5* zeigen, dass selbst auf zehn Jahre zurückgerechnet die durchschnittliche jährliche DAX-Rendite erheblichen Schwankungen unterliegt und in seltenen Fällen sogar negativ ist. Damit sich stabile jährliche Durchschnittsrenditen ergeben, muss der Betrachtungszeitraum deutlich über zehn Jahre hinausgehen. Vergleiche hierzu die deutlich ruhigere Linie, deren Berechnung stets bis auf das Jahr 1955 zurückgeht und sich damit in ihrem aktuellen Teil auf einen Anlagehorizont von mehreren Jahrzehnten bezieht.

Abbildung 5

DAX-Rendite p.a. (zehn Jahre bzw. bis 1955 zurück)[6]

---

6 Eigene Berechnungen. Vgl. für Einzelheiten Fußnote 3.

III. Cash

1. Hintergrund

Auf die einfache Frage, was vorgezogen würde, eine Million Euro sofort heute oder erst in zwei Jahren zu erhalten, antworten die meisten, dass sie eine sofortige Auszahlung vorziehen würden. Diesen Sachverhalt bezeichnen Ökonomen als Gegenwartspräferenz. Sie ist die Ursache dafür, dass gleiche Geldzahlungen zu verschiedenen Zeitpunkten von uns unterschiedlich beurteilt werden. Es gibt folglich einen bestimmten heutigen Barwert von Geldforderungen, der von ihrem Endwert in einem zukünftigen Zahlungszeitpunkt abweichen kann. Die Differenz zwischen dem zukünftigen Endwert und dem heutigen Barwert ist der Zeitwert bzw. der Zins. Er ist ein dem menschlichen Wirtschaften immanentes Phänomen und hat, wie wir gesehen haben, seine Ursache in der Gegenwartspräferenz des Menschen. Dabei sorgen die Finanzmärkte dafür, dass die Zinsanforderungen aus den individuellen Gegenwartspräferenzen sich zu einer objektiven für die gesamte Gesellschaft gültigen formen. Die Gegenwartspräferenz an den Finanzmärkten macht es auch für Akteure, die eigentlich keine individuelle Gegenwartspräferenz haben, attraktiv, frühere Zahlungseingänge vorzuziehen, da diese am Finanzmarkt danach Zinsen abwerfen und deshalb einen höheren Endwert ergeben als die gleiche Zahlung zu einem späteren Zeitpunkt. An den Finanzmärkten bildet sich die sogenannte „Fristenstruktur der Zinssätze" (Spot Rates), die der Umrechnung der fristenbezogenen Zinsen, als Differenz zwischen End- und Barwert einer Zahlung, in untereinander vergleichbare Zinssätze p.a. entspricht. Dabei ist es der normale Fall, dass mit zunehmender Frist die Zinsen überproportional anwachsen, weswegen die Zinssätze mit zunehmender Frist steigen. Es gibt aber auch den umgekehrten Fall einer sogenannten „inversen Zinsstruktur", bei der mit zunehmender Frist die Zinssätze fallen. Dies ist vor allem dann der Fall, wenn das gegenwärtige Zinsniveau relativ hoch ist und für die Zukunft niedriger erwartet wird.

Kapital entsteht aus der durch den Aufschub des eigenen Konsums ermöglichten Gewährung einer Zahlungsfrist und lässt sich in der dadurch gewonnenen Zeit produktiv verwenden. Dies ist die Grundlage für das Erwirtschaften von Zinsen.

Vor diesem Hintergrund ist es erstaunlich, dass es zumindest im kurzfristigen Bereich auch zu negativen Zinsen kommen kann. Diese reflektieren dann die Kosten der Bargeldhaltung, welche aus der Abwehr von Diebstählen und sonstigen Verlustgefahren entstehen und darüber hinaus Versicherungsprämien einschließen. Negative Zinsen können in bestimmten Situationen als Kompensation für solche ersparte Kosten im

Rahmen einer Geldanlage bei Topschuldnern verlangt werden, wenn bei jenen die Sicherheit der Rückzahlung vollkommen uneingeschränkt außer Zweifel steht. Der Normalfall sind solche Situationen allerdings nicht. Normal ist der umgekehrte Fall, wonach die üblichen positiven Zinsen Opportunitätskosten der (zinslosen) Bargeldhaltung darstellen.

2. Anlagemöglichkeiten und Anteil am Gesamtvermögen

Als Cash bezeichnen wir neben Bargeld zusätzlich auch sogenannte „Geldmarktanlagen". Dies sind zum einen Bankeinlagen, die entweder als Tagesgeld täglich verfügbar sind oder als Festgeld eine bestimmte Fälligkeit aufweisen, die in der Regel ein Jahr nicht übersteigt. Die Regelungen zu traditionellen Spareinlagen sind mittlerweile bankspezifisch und mithin unübersichtlich geworden. Sie sind heute zumeist eine wenig kompetitive Form der nicht für Transaktionszwecke unterhaltenen Bankguthaben und daher nur selten zu empfehlen. Der Geldmarkt besteht jedoch nicht nur aus Bankeinlagen, sondern umfasst ebenfalls (kurzlaufende) Wertpapiere, die sogenannten „Geldmarktpapiere", von Schuldnern, die nicht notwendigerweise Banken sein müssen. Die Sicherheit der Geldmarktpapiere ergibt sich zum einen aus der trotz fehlender Bankeigenschaft beachtlichen Bonität der Schuldner und zum anderen aus der Tatsache, dass die Geldmarktpapiere im Rahmen eines Portfolios mit vielen ver-

schiedenen Schuldnern erworben werden. In einem solchen Portfolio lassen sich tatsächlich einmal auftretende Zahlungsausfälle eines einzelnen Schuldners mit
den bonitätsabhängigen Zinsaufschlägen, die viele andere Schuldner zahlen, verrechnen und ausgleichen.
Für den einzelnen Anleger eröffnen sogenannte „Geldmarktfonds" den Zugang zu den oben angeführten Portfolios von Geldmarktpapieren.

Der Anteil von Cash bzw. Geldmarktanlagen am Ge-
samtvermögen sollte umso höher sein, je mehr der
Anleger aufgrund seiner persönlichen Einnahmen- und
Ausgabensituation in Zukunft mit einem gemessen am
Gesamtvermögen beachtlichen Defizit rechnen muss.
Der Anteil am Gesamtvermögen kann dann in einigen
Fällen – gerade unter dem Gesichtspunkt der Sicherheit
– ohne weiteres bis zu 100 Prozent betragen. Nur soweit
solche Erfordernisse bereits abgedeckt sind, kommen
andere langfristige Anlagen überhaupt in Betracht.

Unter Ertragsgesichtspunkten löst das gegenwärtig ausgesprochen niedrige Zinsniveau zwei gegensätzliche
Effekte aus: Zum einen ist es aktuell kaum noch
möglich die Geldentwertung durch den Ertrag von
Geldmarktanlagen – zumal nach Steuern – zu kom-
pensieren, was bedeutet, dass diese Anlagen am Ende
trotz nominellen Zuwachs real weniger wert sind, und
was gegen sie spricht. Zum anderen verstärkt das niedrige Zinsniveau die Aussicht auf steigende Zinsen;
womit eine Situation zu erwarten ist, in der Cash im

Vergleich zu anderen Anlagen häufig wesentlich bessere Ergebnisse erzielt und deshalb vorzuziehen ist.

3. Tages- und Festgeld

Für die Sicherheit einer Bankeinlage steht nicht nur die jeweilige Bank, sondern über die Einlagensicherung das ebenfalls zu ihr gehörende und noch aus mehr oder weniger vielen anderen Banken bestehende Bankensystem gerade. Am Ende haftet auch der Staat. In Deutschland ist diese Haftung aufgrund einer nie zurückgenommenen Erklärung der Bundeskanzlerin unbegrenzt. Aber bereits aufgrund der Einlagensicherung der deutschen Bankenverbände ergeben sich für den einzelnen Anleger garantierte Summen in Millionen- oder sogar in Milliardenhöhe. Doch wer will daran glauben, dass in der Stunde der Not die Garantien in solchen phantastischen Höhen greifen? Kommt es tatsächlich zur großen Krise, muss jedenfalls mit einer betragsmäßigen Begrenzung der Einlagensicherung gerechnet werden und es ist für den Anleger wahrscheinlich hilfreich je Bankverbindung nicht mehr als 100.000 Euro im Feuer zu haben. Deshalb kann es für große Anleger aktuell durchaus sinnvoll sein, ihr Einlagenvolumen auf mehrere Banken zu verteilen.

Der Markt für Tages- und Festgeld ist dank den Vergleichsportalen im Internet und den ebenfalls übers Internet erreichbaren Direktbanken kompetitiv. Verschiedene Banken bieten zu Werbezwecken insbesondere für Neukunden Zinssätze, die sich für sie rein finanzwirtschaftlich nicht rechnen. Dem Anleger kann dies egal sein. Er kann die Angebote nutzen, um mit seinen Cashpositionen zumindest annähernd die Geldentwertung zu verdienen, was zurzeit ohnehin schwer genug ist.

Eine Untergrenze für die Verzinsung von Tages- und Festgeld bildete bis 2013 die sogenannte „Tagesanleihe des Bundes". Denn es ist offensichtlich, dass zumindest in Deutschland die Anlage beim Staat bonitätsmäßig die höchste Sicherheit gewährte. Leider gibt es diese Anlagemöglichkeit zurzeit nicht mehr.

4. Geldmarktfonds

Geldmarktfonds wurden bereits weiter oben als Anlagemöglichkeit erwähnt und beschrieben. Außer Bankeinlagen und Geldmarktpapieren können sie auch Bonds mit einer kurzen Restlaufzeit halten. Bonds werden kurz vor ihrem Laufzeitende quasi zu Geldmarktpapieren und bereichern so das Angebot, welches die Geldmarktfonds zur Anlage nutzen können.

Gegen Geldmarktfonds spricht derzeit, dass sie ihre Verwaltungskosten in Niedrigzinsphasen wie der gegenwärtigen meist nicht aus besonderen (Zusatz-)Erträgen ihrer Diversifikations- und Selektionsleistung erwirtschaften können. Erschwerend kommt hinzu, dass Anleger bei den zu einer Fondsanlage konkurrierenden Bankeinlagen auf Angebote zurückgreifen können, die nur zu Werbezwecken erfolgen und sich finanzwirtschaftlich für die Bank nicht rechnen. Sie sind aber aus Anlegersicht zumeist einer Fondsanlage deutlich überlegen. Hinzu kommt, dass unseres Wissens mittlerweile sämtliche Geldmarktfonds auch kurze Phasen mit einer negativen Wertentwicklung aufweisen und damit im strengen Sinn als Cashposition nicht geeignet sind. Wer gleichwohl in Geldmarktfonds anlegen möchte, dem können wir den in *Tabelle 4* verbliebenen Fonds vorschlagen.

Tabelle 4
Vorgeschlagene Geldmarktfonds

Fondsbezeichnung (WKN)	(Gesamt-)Rendite
Performance in EUR zum Jahresende 2016 fünf Jahre zurück[7]	
Deutsche Postbank Euro Cash (979779)	eingestellt
3 Banken Short Term Eurobond-Mix (989697)	0,71% p.a.

---

[7] Vgl. hierzu die Datenbank auf der Website von OnVista. Die Prozentsätze sind eigene Berechnungen, siehe hierzu II. Kapitel, Abschnitt „Renditen, Wachstumsraten und Volatilität".

IV. Bonds

1. Hintergrund

Bonds werden auch als „Anleihen", „Festverzinsliche" oder „Rentenwerte" bezeichnet. Wir haben bereits im vorigen Kapitel gesehen, dass die Grenze zu Cash-positionen fließend verläuft, da kurz vor der Endfälligkeit Bonds faktisch zu Geldmarktpapieren werden. Damit ist aber auch bereits gesagt, was Bonds vor allem von Geldmarktanlagen unterscheidet, nämlich eine gewisse Langfristigkeit. Um Bonds, die das Versprechen auf eine Vielzahl zukünftiger Zinszahlungen sowie auf die zumeist mehrere Jahre entfernte Rückzahlung darstellen, heute beurteilen zu können, werden sämtliche versprochenen Zahlungen gemäß folgender Formel auf ihren Barwert abgezinst und sodann aufsummiert:

$$\text{(Gesamt-)Barwert} = \sum_t \text{Zahlung}_t \cdot e^{-\text{Zinssatz}_t \cdot t}$$

wobei t die Jahre bis zur Fälligkeit einschließlich Bruchteile angibt

Dabei wird analog zur Berechnung von Renditen im II. Kapitel von einer stetigen Verzinsung bzw. einem exponentiellen Wachstum ausgegangen. Es ist folglich die *e-Funktion* auf dem Taschenrechner oder im Computer einzusetzen. Der Zinssatz ist als negativer Wert einzugeben, da abgezinst wird. Entweder ist für jeden Zeitpunkt ein individueller Zinssatz gemäß Fristenstruktur (Spot Rates) einzugeben oder es ist der über alle Zeitpunkte einheitliche interne Ertragssatz (Internal Rate of Return: IRR) zu ermitteln. Dieser wird häufig auch einfach nur als „Rendite" bezeichnet.[8] Wird jedoch mit Spot Rates gerechnet, so kann der Barwert höher oder niedriger sein als der Kurs des Bonds und dementsprechend anzeigen, dass dieser preiswert oder teuer ist. Bei der Berechnung der Rendite als IRR wird der Barwert mit dem Kurs festgesetzt. Die Anleihe gilt dann als umso preiswerter je höher die Rendite ist, die sich für sie berechnen lässt.[9]

Ein Maß für die Langfristigkeit eines Bonds ist die Duration. Sie wird mit folgender Formel ermittelt und stellt die Umrechnung der unterschiedlichen Laufzeiten der verschiedenen (Zins- und Rück-)Zahlungsversprechen eines Bonds auf eine einzelne Zahl von Jahren dar.

---

[8] Bei der Rendite als IRR handelt sich um einen sogenannten „Money-Weighted Return" im Gegensatz zum Konzept des „Time-Weighted Return", das dem II. Kapitel zugrunde liegt. Der IRR wird daher von uns nur im hier beschriebenen Kontext und nicht darüber hinaus verwendet. Vgl. für eine ausführliche Diskussion z. B. W. F. Sharpe / G. J. Alexander, Investments, 4. Auflage, Englewood Cliffs: Prentice Hall International, 1990, S. 735 ff.

[9] Beim Beurteilen ist darauf zu achten, dass nur Bonds mit annähernd gleicher Laufzeit (Duration) und Bonität (Rating) ohne weiteres untereinander vergleichbar sind.

$$Duration = \sum_t t \cdot [Zahlung_t \cdot e^{-Zinssatz \cdot t} / (Gesamt\text{-})Barwert]$$
wobei t die Jahre bis zur Fälligkeit einschließlich Bruchteile angibt

Die Duration besagt wie viel Jahre das Kapital im Mittel gebunden ist. Darüber hinaus ist sie nützlich als ein Risikomaß, das besagt, um wie viel Prozent der Kurs des Bonds fallen muss, um eine Erhöhung des Zinsniveaus um einen Prozentpunkt ausgleichen zu können.[10] Denn es ist klar, dass, wenn das Zinsniveau am Markt steigt, aber die durch den Bond versprochenen Zinszahlungen unverändert bleiben, zum Ausgleich der Kurs des Bonds sinken muss. Nur so kann der Käufer beim zu erwerbenden Bond für sich das höhere Zinsniveau durchsetzen. Dieses Mehr, welches der Markt bei einem steigenden Zinsniveau für den Käufer fordert, muss der Verkäufer bereitstellen und als Verlust hinnehmen. Für den Inhaber eines Bonds, der potentieller Verkäufer ist, ergeben sich ein Buchverlust und eine kalkulatorisch auf das höhere Marktniveau gestiegene Verzinsung seines Bonds.

Barwert, interner Ertragssatz und Duration lassen sich mit obigen Formeln nicht nur für einzelne Bonds, sondern darüber hinaus auch für ein Portfolio von mehreren verschiedenen Bonds ermitteln. Es liegt auf der Hand, dass im Umfeld steigender Zinsen, es sinnvoll ist, eine kurze Duration anzustreben, während ein fal-

---

10 Vgl. für die genaue Berechnung den Anhang „Anwendungsbeispiel und Erläuterung zu den im IV. Kapitel eingeführten Formeln".

lendes Zinsniveau für eine möglichst lange Duration spricht. Die Schwierigkeit besteht nun darin, zu identifizieren, ob die Zinsen alsbald eher steigen oder fallen werden. Keine leichte Aufgabe, die gerade in der jüngeren Vergangenheit bei Vielen zu beachtlichen Fehleinschätzungen geführt hat.

Um ein Gefühl für das sich derzeit längerfristig aufbauende Risiko am Bondmarkt zu bekommen, benutzen wir den Erfahrungswert, dass ein typischer zehnjähriger Bond meist eine Duration von ca. 8 Jahren hat. Ein Anstieg des Zinsniveaus um 4 Prozentpunkte würde dieses auf ein immer noch im langjährigen Vergleich moderates Niveau heben und lässt den damit verbundenen Verlust für zehnjährige Bonds auf 32% (= 8 · 4%) schätzen. Ein dramatischer Wert, der sich in diesem Umfang allerdings nicht einstellen muss, selbst wenn die Prämisse zutrifft. Der Grund liegt darin, dass ein so beachtlicher Anstieg des Zinsniveaus zumeist nicht schlagartig, sondern über Jahre hinweg erfolgt. Dann hat sich durch Zeitablauf aber auch die Duration des Bonds um Jahre verkürzt, weswegen sich eben zugleich der sich dann einstellende Verlust verkleinert.

Damit ist das Zinsänderungsrisiko beschrieben, für das wir die Prognose wagen, dass es in Zukunft wieder zu einem großen Thema werden wird. Denn nach der gegenwärtig besonders ausgeprägten Niedrigzinsphase muss eine Phase mit höheren Zinsen folgen, die dann der Bekämpfung des zuvor aufgebauten Inflationspotentials dient.

Ein derzeit allgemein stärker beachtetes Risiko ist die Gefahr eines Zahlungsausfalls durch den Schuldner. Dessen Kreditwürdigkeit drückt sich gerade bei Bonds in einer Note, dem sogenannten „Rating", aus. Eine Bezeichnung, die zugleich auch für den Prozess der Benotung verwendet wird. Die gebräuchlichen Ratings sind in *Tabelle 5* zusammengestellt und den übergeordneten Aussagen „Investmentgrade", „Non Investmentgrade" und „Default" (Ausfall) zugeordnet. Eine weitere Verfeinerung der Abstufung kann noch dadurch erfolgen, dass die Ratings mit einem + für leicht besser oder mit einem - für leicht schlechter versehen werden. Darüber hinaus können die Ratings mit einem positiven, stabilen oder negativen Ausblick versehen werden. Dies soll Antwort auf die Frage geben, ob in Zukunft eher mit einer Verbesserung oder Verschlechterung des Ratings zu rechnen ist.

Tabelle 5
Zusammenstellung der Ratings nach übergeordneter Aussage

Rating	Übergeordnete Aussage
AAA, AA, A, BBB	Investmentgrade
BB, B, CCC, CC, C	Non Investmentgrade
D	Default

Die Grenze zwischen „Investmentgrade", der angenommenen Eignung für eine problemlose Langfristanlage, und „Non Investmentgrade" verläuft mithin haarscharf zwischen BBB⁻ und BB⁺. Hier wird deutlich, dass der Kurs eines Bonds nicht nur vom gegenwärtigen Rating, sondern auch von dessen zukünftigen

Änderungen abhängt. Bonds, die heute „Investmentgrade" sind, können zukünftig „Non Investmentgrade"
sein und umgekehrt.

2. Anlagemöglichkeiten und Anteil am Gesamtvermögen

In Anbetracht der zunehmend geringeren Stabilität von
vielen Ratings wird es für Anleger immer wichtiger und
zugleich immer schwieriger, sich Erwartungen bezüglich des zukünftigen Ratings der von ihnen erworbenen
Anleihen zu bilden. Rentenfonds, das heißt: in Bonds
investierende Investmentfonds, haben als Alternative
zum direkten Erwerb von Anleihen nicht zuletzt auch
deshalb an Bedeutung gewonnen. Zudem sollten die
Anforderungen an ein professionelles Management der
Duration viele Anleger gegen den direkten Erwerb von
Anleihen und für die Anlage in einen Rentenfonds
entscheiden lassen. Ansonsten hat sich der Anleger mit
den oben beschriebenen Fragen selbst intensiv auseinanderzusetzen.

Gleichgültig ob eine Anlage in Bonds nun über den
direkten Erwerb von Anleihen oder über den Kauf von
Anteilen an einem Rentenfonds bewerkstelligt wird,
stellt sich die Frage, welchen Anteil Bonds am Gesamtvermögen haben sollen. Wir haben sowohl im
Abschnitt über Asset Allocation innerhalb des II. Kapitels als auch im diesem Abschnitt unmittelbar vorhergehenden Abschnitt uns für einen geringen Anteil

ausgesprochen. Hintergrund ist, dass ausgehend von der gegenwärtigen Niedrigzinsphase mit steigenden Zinsen und somit fallenden Kursen für Bonds zu rechnen ist. Andererseits soll nicht verschwiegen werden, dass entgegen dieser schon bereits älteren Überzeugung Bonds sich in der Zwischenzeit gut entwickelt haben. Auch hier wird deutlich, wie sinnvoll es ist, zu diversifizieren und nicht alles einseitig entsprechend seiner (fehlbaren) Zukunftseinschätzungen auszurichten. Ein weiteres und diesmal grundsätzliches Argument für einen geringen Anteil der Bonds wird dem Investor Warren Buffet zugeschrieben. Demnach sollte die Anlage nur entsprechend der kurz- oder der langfristigen Verfügbarkeit der für die Anlage bereitstehenden Mittel erfolgen. Im ersten Fall sind sie als Cash, im zweiten aufgrund der höheren Ertragschancen zumeist als Aktien anzulegen. Für umfangreiche Bondpositionen gibt es allenfalls Spezialsituationen.

3. Staatsanleihen, Pfandbriefe und Unternehmensanleihen

Staatsanleihen oder Goverment Bonds haben im Fall Deutschlands noch keinerlei Bonitätsproblem. Das Rating ist AAA. Es stellt sich allerdings die Frage des Ausblicks. Vor allem stellt sich aber gerade hier das oben beschriebene Problem des niedrigen Zinsniveaus. Bei Anleihen von Staaten mit geringem Rating ist die klassische Sicherheit von Staatsanleihen nicht mehr oder zumindest nur unvollkommen gegeben. Sie erfordern ebenso wie Unternehmensanleihen oder Corporate Bonds eine ständige Beobachtung der Schuldnerbonität. Überraschende Ereignisse wie zum Beispiel Firmenübernahmen können die Bonität schnell negativ beeinflussen.

Eine interessante Zwischenstufe stellen Pfandbriefe oder Covered Bonds dar. Sie weisen zwar ein etwas höheres Bonitätsrisiko als Goverment Bonds solider Staaten auf, bieten dafür aber auch eine etwas höhere Rendite. Das wesentliche an Pfandbriefen ist, dass im Falle einer Insolvenz der Pfandbriefbank ihre Deckungsmasse allein dem Pfandbriefgläubiger zusteht. Deshalb interessiert vor allem die Bonität der Deckungsmasse und weniger die unternehmensspezifische der Pfandbriefbank.

4. Rentenfonds

Während die Anlage in Rentenfonds in der Vergangenheit vielfach als übertriebener Komfort angesehen wurde, der die damit verbundenen Kosten nicht rechtfertigt, hat sich aufgrund der mit dem schwierigeren Umfeld gestiegenen Anforderungen diese Einschätzung vollständig gewandelt.

Wie die Performancezahlen von *Tabelle 6* zeigen, brauchen die vorgeschlagenen Rentenfonds sich gegen andere Anlagen nicht zu verstecken. Die Tabelle gliedert sich in Fonds zum einen mit internationalen und

zum anderen nur mit europäischen Anlagen. Innerhalb
dieser Bereiche werden die erfolgreichen Anbieter Al-
lianz PIMCO und DEKA unterschieden.

Tabelle 6
Vorgeschlagene Rentenfonds

Fondsbezeichnung (WKN)	(Gesamt-)Rendite
Performance in EUR zum Jahresende 2016 fünf Jahre zurück[11]	
Allianz PIMCO International Rentenfonds (847505)	3,22% p.a.
DEKARENT INTERNATIONAL C F (847456)	3,98% p.a.
Allianz PIMCO Europazins –A- EUR (847603)	5,64% p.a.
DEKALUX Bond A (971120)	4,93% p.a.

---

11 Vgl. hierzu die Datenbank auf der Website von OnVista. Die Prozentsätze sind eigene Berechnungen, siehe hierzu II. Kapitel, Abschnitt „Renditen, Wachstumsraten und Volatilität".

V. Gold

1. Hintergrund

Gold ist eine der ältesten Formen von Geld. Grundlage dafür ist seine Knappheit. Sämtliches heute weltweit verfügbare Gold passt in einen Würfel von ca. 20 Meter Kantenlänge. Gedanklich repräsentiert dieser Würfel das in der gesamten Menschheitsgeschichte jemals geförderte Gold, da aufgrund seines hohen Wertes, welchen Gold zu allen Zeiten hatte, stets das Augenmerk darauf lag und kaum etwas verloren ging. Sehr geringe Mengen Gold waren deshalb zu allen Zeiten sehr viel wert und dafür geeignet, große wirtschaftliche Werte auf einfache Weise aufzubewahren und zu übertragen. Damit erfüllt Gold seit jeher wesentliche Funktionen von Geld. Da das jährliche Wachstum der verfügbaren Goldmenge zumeist unterhalb des allgemeinen Wirtschaftswachstums liegt, nimmt sein Wert langfristig zu. Seine Menge ist im Gegensatz zu derjenigen des modernen Papiergelds nicht zur Disposition von Notenbanken gestellt, was einerseits gegen eine Goldwährung spricht, weil sie nicht auf wirtschaftspolitische Notwendigkeiten Rücksicht nimmt, aber andererseits Gold zur ultimativen Sicherung für den Fall eines Notenbankversagens bei der Sicherung der Geldwertstabilität macht. Der in den letzten Jahren zu beobachtende starke Anstieg des Goldpreises reflektiert somit auch das wachsende Misstrauen in das Geldwertversprechen der Notenbanken.

Mit Blick auf die Vergangenheit erscheint Geldwertstabilität hingegen durchaus gegeben zu sein. Der Mittelwert der jährlichen Inflationsrate im Euroraum betrug in den letzten zehn Jahren ca. 2 Prozent. Dies entspricht dem Zielwert der Europäischen Zentralbank und gilt als hinnehmbar, da aus der Sicht des Verbrauchers eine Inflation in dieser Höhe zum einen durch eine Verbesserung der Produktqualität und zum anderen durch sich neu ergebende Substitutionsmöglichkeiten innerhalb der Verbrauchszusammensetzung kompensiert wird. Andererseits wird die Inflationsrate durch die Fokussierung auf Verbrauchsgüter eher unterschätzt. Die Preise für Vermögensgüter wie z. B. Kunstgegenstände, Wertpapiere oder Immobilien sind seit langem stärker gestiegen. Auch dieser Anstieg stellt eine Art von Inflation dar und die Geldwertstabilität in einem weitergefassten Sinn in Frage.

Entscheidend ist aber, dass mit Blick auf die Zukunft nicht mit einer einfachen Fortsetzung der (erfolgreichen) Vergangenheit gerechnet wird, wie sich an den (Finanz-)Märkten bis ins Jahr 2013 zeigte. Vielmehr wird dort zumindest die Gefahr einer – eventuell von den (Währungs-)Behörden insgeheim begrüßten – Erhöhung der jährlichen Inflationsrate gesehen und darüber hinaus sogar ein mehr oder wenig vollständiger Kaufkraftverlust des (Papier-)Geldes befürchtet. Beide

Szenarien werden zwar nicht als sehr wahrscheinlich, aber als zunehmend wahrscheinlich betrachtet, was schlimm genug ist.

Abbildung 6 zeigt die Wertentwicklung des Goldes in US-Dollar für den Zeitraum Jahresende 2006 bis Jahresende 2016 und lässt sich mit einer (durchschnittlichen) Wachstumsrate von 5,96% p.a. zusammenfassend beschreiben. Die Volatilität der Wachstumsrate beträgt 18,42%.

Für die Performance in Euro ist zu berücksichtigen, dass der Euro zum Jahresende 2006 USD 1,3193 wert war und zum Jahresende 2016 auf USD 1,0516 gefallen ist. Daraus resultiert ein jährlicher Rückgang des Euro von im Mittel 2,27 % p.a., was spiegelbildlich zu einem Anstieg des US-Dollars im gleichen Umfang führt.[12] Dieser Wert ist zur Goldpreisentwicklung in US-Dollar hinzuzuzählen, um zum Ergebnis in Euro in Höhe von 8,23 % p.a. zu gelangen. Damit hat sich der Euro schlechter geschlagen als der US-Dollar. Die Goldpreisentwicklung reflektiert gerade in Euro mehr als den üblichen Kaufkraftverlust von jährlich ca. 2 Prozent.

---

[12] Vgl. für die Kurse die Datenbank auf der Website von OnVista. Der Prozentsatz ist eine eigene Berechnung, siehe hierzu II. Kapitel, Abschnitt „Renditen, Wachstumsraten und Volatilität".

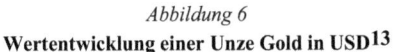

Abbildung 6
Wertentwicklung einer Unze Gold in USD[13]

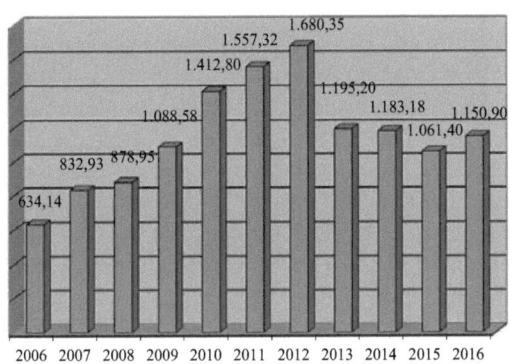

2006 2007 2008 2009 2010 2011 2012 2013 2014 2015 2016

Der Goldpreisanstieg ist zum einen durch das niedrige Zinsniveau, den Opportunitätskosten der (zinslosen) Goldanlage, und zum anderen durch oben beschriebene Furcht vor einem Notenbankversagen verursacht worden. Beide Faktoren werden zwar nicht in absehbarer Zeit in ihr Gegenteil umschlagen, irgendwann, wenn alles gut geht, allerdings schon. Bei einem solchen Umkippen der Situation ist mit einem massiven Fallen des Goldpreises zu rechnen. Auch Goldanlagen sind eben nicht ohne Risiko. Hinzu kommt, dass es ähnlich wie beim Papiergeld die Furcht vor dem Notenbankversagen, beim Gold die Furcht vor dem Entdecken großer, leicht abbaubarer Goldvorkommen

---

13 Die Kurse sind Jahresschlusskurse, vgl. die Datenbank auf der Website von OnVista.

gibt. Ein viel beachteter Vorstoß in diese Richtung wurde in Deutschland am Ende des ersten Weltkriegs, angetrieben von den in Gold definierten Reparationen, unternommen. Es wurde untersucht, ob eine Gewinnung von Gold aus Meerwasser möglich ist. Grundlage dafür war, dass mehr Gold, als die gesamten menschlichen Reserven ausmachen, im Wasser der Ozeane gelöst ist. Die Konzentration ist aber für einen Abbau zu gering. Darüber hinaus ist darauf hinzuweisen, dass Gold nur auf der Erdoberfläche selten ist, aber im Weltall und im Erdkern in beachtlichem Umfang vorkommen könnte.

2. Anlagemöglichkeiten und Anteil am Gesamtvermögen

Erste Wahl für die Anlage in Gold sind im Gewicht einer Unze geprägte Standardanlagemünzen. Sie bieten mehrere Vorteile: Zum einen haben sie keinen Sammlerwert und verkörpern rein den Metallwert, zum anderen ist die Spanne zwischen An- und Verkaufspreis nicht so hoch, dass dies einen Verzicht auf die Teilbarkeit seines Goldschatzes rechtfertigen würde. Ein Aspekt, der vor allem dann wichtig wird, wenn die Währung tatsächlich zerrüttet würde und Gold immer mehr Geldfunktionen übernehmen muss. Darüber hinaus bieten die Münzen den besten Schutz vor Falschgold, was zwar nicht beim Erwerb von einer seriösen Bank eine Rolle spielt, wohl aber, wenn das Gold – bei wem auch immer – in Zahlung gegeben werden soll.

Neben dem Erwerb von physischem Gold, das heißt: auszuliefernden und zu verwahrenden Münzen und Barren, gibt es noch die Möglichkeit, Gold in Form von Anteilen an einem Goldfonds zu erwerben. Lieferung und Verwahrung des Goldes erfolgen in diesem Fall für den Fonds und führen für den Anteilsinhaber zu indirektem Eigentum am Gold. Dabei sind die Kosten zumeist geringer und die Abwicklung einfacher als bei Transaktionen mit physischem Gold.

Wir haben bereits im II. Kapitel im Abschnitt über Asset Allocation darauf hingewiesen, dass der Anteil von Gold am Gesamtvermögen nicht über den einstelligen Prozentbereich hinausgehen sollte und schlagen drei Prozent vor. Allenfalls sind bis zu 20 Prozent dann vorstellbar, wenn Gold als Sachwert Anlagen in Aktien oder Immobilien (teilweise) ersetzen soll. Davon raten wir aber ab.

3. Physisches Gold und Goldfonds

Tabelle 7 stellt die geläufigsten Standardanlagemünzen vor. Neben den ganzen Unzen sind auch innerhalb der gleichen Kategorie kleinere Münzen als Bruchteile von Unzen erwerbbar.

Tabelle 7
Vorgeschlagene Goldmünzen

Münzbezeichnung (Herkunftsland) Performance für eine Unze Gold in EUR zum Jahresende 2016 fünf Jahre zurück[14] – (Gesamt-)Rendite -1,87% p.a.
American Eagle (USA)
Britannia (Großbritannien)
Kangaroo / Nugget (Australien)
Kruger Rand (Südafrika)
Philharmoniker (Österreich)
Maple Leaf (Kanada)

Tabelle 8 stellt drei unterschiedliche Goldfonds vor. In Deutschland dürfte XETRA Gold der Fonds mit der weitesten Verbreitung sein. Die beiden anderen Fonds bieten den Vorteil, dass deren Gold in der Schweiz liegt und darum allenfalls behördlichen Zugriffen von schweizerischer Seite ausgesetzt ist. Die Schweiz hat sich diesbezüglich aber in der Vergangenheit als zurückhaltend und damit für Anleger als vertrauenswürdig erwiesen.

Tabelle 8
Vorgeschlagene Goldfonds

Fondsbezeichnung (WKN) Vgl. Tabelle 7 für die Performance einer Unze Gold, dem Rendite- ziel der Fonds
XETRA Gold (A0S9GB)
UBS-IS Gold (EUR) hedged (A0YCVY)
ZKB Gold ETF in EUR (A0YJZB)

---

[14] Vgl. hierzu die Datenbank auf der Website von OnVista. Die Prozentsätze sind eigene Berechnungen, siehe hierzu II. Kapitel, Abschnitt „Renditen, Wachstumsraten und Volatilität".

VI. Global Investments

1. Hintergrund

Mit den Global Investments kommen wir zur Anlage in Aktienfonds. In diesem Zusammenhang stellt sich zuerst einmal die Frage, was eine Anlage in Aktien bedeutet. Aktien sind Anteile an einem Unternehmen. Es gibt sehr erfolgreiche Unternehmen, bei denen es eine Freude ist, beteiligt zu sein und einen anteiligen Anspruch auf den Gewinn des Unternehmens zu haben, selbst wenn dieser (zunächst) nicht vollständig ausgeschüttet wird. Auch der einbehaltene Gewinn ist für den Aktionär insoweit positiv, als er schließlich noch später ausgeschüttet werden kann und bis dahin im Idealfall dem (Gewinn-)Wachstum des Unternehmens dient und damit die Grundlage für zukünftig steigende Ausschüttungen schafft.

Auf die Anlage in Aktien sollte der Anleger, soweit er über langfristig frei verfügbare Mittel verfügt, nicht verzichten, weil sie in der langen Frist über die größten Ertragschancen verfügen und zumindest teilweise gegen die Folgen verlorener Geldwertstabilität schützen. Die Gefahr eines Missgriffs oder formaler formuliert: die Volatilität, als größter Nachteil von Aktien, kann durch Diversifikation und Streuung der Anlagezeitpunkte (z. B. durch einen Sparplan) wirksam bekämpft werden.

Aktienfonds bieten klassischerweise zwei Vorteile für den Anleger gegenüber einer direkten Anlage in einzelne Aktien: Erstens, bieten sie den Vorteil der Diversifikation und daraus resultierend eines geringeren Risikos von Einbrüchen im Wert der Anlage. Die einzelnen Kursbewegungen der vielen unterschiedlichen Aktien, die der Fonds hält, gleichen sich teilweise untereinander aus und so verringert sich insgesamt die Schwankungsintensität (Volatilität) der (Fonds-)Anlage. Zweitens, bieten Fonds den Vorteil der Selektion. Das Fondsmanagement kann aufgrund seiner im Vergleich zu den meisten Anlegern größeren Expertise bessere Anlageentscheidungen treffen. Dies liegt insbesondere daran, dass es im Regelfall schlicht mehr unterschiedliche Aktien aus dem großen weltweiten Anlageuniversum kennt und dann auch noch besser über deren jeweilige Geschäftslage und -aussichten informiert ist. Umfangreiche Kenntnis im Hinblick auf das Anlageuniversum ist aber auch im Rahmen der Diversifikation wichtig, da selbst das Halten vieler Aktien dann keinen großen Risikoausgleich bewirkt, wenn diese einander allzu ähnlich sind. Zur Verminderung des Risikos müssen vielmehr Aktien gesucht werden, deren Entwicklung nicht gleich verläuft, sondern auf unterschiedlichen Einflüssen beruht, was bedeutet, dass deren Risiko in möglichst geringem Ausmaß systematisch sein soll. Hierfür ist es eben vorteilhaft, auf ein möglichst umfangreiches Angebot zugreifen zu können, weswegen der Anlagefokus stets weltweit sein sollte.

Aktienfonds helfen dem Anleger, die sowohl zeitlich als auch kostenmäßig erhebliche Belastung zu vermeiden, die ansonsten zum einen mit der Beschaffung und Analyse von Informationen und zum anderen mit der Durchführung von Transaktionen verbunden wäre. Dies gilt insbesondere insoweit, als manche Heimatländer von interessanten Aktiengesellschaften für den Anleger wenig vertraut, das heißt: exotisch sind.

Damit ist klar, dass, wenn sich der Anleger zur Aktienanlage entscheidet, diese mit weltweit anlegenden Aktienfonds beginnen sollte. Eine thematische Ausrichtung der Fondsanlage auf bestimmte Regionen oder Wirtschaftssektoren sollte nach unserer Auffassung unterbleiben, da solchen spezialisierten Fonds vielfach eine „Story" zu Grunde liegt, die, bis sie zum Anleger gelangt, breit ausgetreten ist und demzufolge als überkommene Mode die Performance eher negativ als positiv beeinflusst. Der Anleger ist aber auch im Hinblick auf eine möglichst große Auswahl, auf solche Angebote nicht angewiesen, da die Anzahl weltweit anlegender Aktienfonds, selbst bei Beschränkung auf jene, die in Deutschland zum Vertrieb zugelassen sind, ohnehin riesig ist.

2. Anlagemöglichkeiten und Anteil am Gesamtvermögen

Es wurde bereits oben festgestellt, dass die Anlagemöglichkeiten vielfältig sind und sich eher die Frage
der Überschaubarkeit stellt. Daher nennen wir weitere
Kriterien, um die Anzahl in Frage kommender Fonds zu
reduzieren: Erstens sollte der Fonds über eine lange
Vergangenheit mit einer guten Performance verfügen,
wobei Erfolge der Vergangenheit keine Garantie für
solche in der Zukunft sind. Zweitens sollte der Fonds in
seinem Volumen weder zu klein noch zu groß sein.
Kleine Fonds haben bei den anderen Anlegern wahrscheinlich aus guten Gründen wenig Anklang gefun-
den, sonst wären sie nicht so klein. Große Fonds sind,
wenn sie wirklich groß sind, im Hinblick auf ihre
Anlagemöglichkeiten begrenzt. Die Chancen aus kleinen Möglichkeiten können sie nicht wirksam wahrnehmen, weil sie in ihrer schieren Größe untergehen.
Last but not least sollte die Fondsgesellschaft eine
renommierte sein.

Wir haben bereits im II. Kapitel im Abschnitt über
Asset Allocation einen Anteil der Global Investments
am Gesamtvermögen von 15 Prozent vorgeschlagen. Es
sind aber auch bis zu 30 Prozent dann vorstellbar, wenn
sie Index Investments oder Value Investments (teilweise) ersetzen sollen. Umgekehrt ist auch eine Reduzierung des Anteils bis hin zum vollständigen Verzicht auf Global Investments denkbar.

3. Globale Investmentfonds

Tabelle 9 stellt von uns vorgeschlagene Aktienfonds zusammen. Die teilweise sehr gute Rendite in den zurückliegenden fünf Jahren macht das Risiko von Aktienanlagen nicht deutlich, weil die Krise von 2008 aus dem Betrachtungszeitraum gefallen ist. Das Risiko einer (vorübergehend) unbefriedigenden Entwicklung besteht gleichwohl fort und kann sich auch in Zukunft erneut verwirklichen. Selbst in Anbetracht davon ändert sich die Einschätzung jedoch nicht, dass Aktien (langfristig) eine gute Anlage sind.

Tabelle 9
Vorgeschlagene globale Investmentfonds

| Fondsbezeichnung (WKN) | (Gesamt-)Rendite |
Performance in EUR zum Jahresende 2016 fünf Jahre zurück[15]	
ACATIS Aktien Global Fonds UI A (978174)	10,87% p.a.
DWS Vermögensbildungsfonds I (847652)	12,23% p.a.
Fidelity Funds – Global Focus Fund (164539)	13,08% p.a.
Threadneedle Global Select RET USD ACC (987677)	12,73% p.a.
Vontobel Fund Global Value Equity B (A0EQVC)	12,65% p.a.

Tabelle 10 gibt die Performance eines Anteils am DWS Vermögensbildungsfonds I für den Zeitraum Ende 2006 bis Ende 2016 mit einer durchschnittlichen (Gesamt-)Rendite von 4,11% p.a. wieder und zeigt, wie sich einer der vorgeschlagenen Fonds bezogen auf zehn

---

15 Vgl. hierzu die Datenbank auf der Website von OnVista. Die Prozentsätze sind eigene Berechnungen, siehe hierzu II. Kapitel, Abschnitt „Renditen, Wachstumsraten und Volatilität".

Jahre entwickelte. Der erzielte Erfolg setzt sich zusammen aus einer gemittelten Ausschüttungsrendite von 0,79% p.a. und einer Wachstumsrate von 3,32% p.a., die den Kursgewinn reflektiert. Aufgrund der in Tabelle 10 zusammengetragenen Daten, gemäß einem Schema das wir im Folgenden noch mehr verwenden werden, lässt sich auch die Volatilität der (Gesamt-) Rendite in Höhe von 17,54% berechnen.

Tabelle 10
**Performance eines Anteils am
DWS Vermögensbildungsfonds I in EUR[16]**

Jahr	Jahres-schlusskurs	Ausschüt-tung	Ausschüt.-rendite p.a.	(Gesamt-) Rendite p.a.
2006	100,66			
2007	100,31	0,90	0,89%	0,54%
2008	68,15	0,66	0,66%	-38,00%
2009	83,20	0,60	0,88%	20,83%
2010	89,73	0,76	0,91%	8,47%
2011	78,94	0,81	0,90%	-11,91%
2012	86,99	0,70	0,88%	10,59%
2013	101,15	0,42	0,48%	10,56%
2014	119,90	1,39	1,36%	18,37%
2015	133,27	0,50	0,42%	10,99%
2016	140,32	0,65	0,49%	5,64%
im Mittel			0,79%	4,11%
Volatilität				17,54%
Wachstum	3,32% p.a.	-3,62% p.a.		

---

[16] Vgl. hierzu die Datenbank auf der Website von OnVista und für die Ausschüttungen die Rechenschaftsberichte des DWS Vermögensbildungsfonds I. Die Prozentsätze sind eigene Berechnungen, siehe hierzu II. Kapitel, Abschnitt „Renditen, Wachstumsraten und Volatilität".

VII. Index Investments

1. Hintergrund

Die Performance eines Aktienfonds wird nicht nur als solche ermittelt, wie im vorigen Kapitel in Tabelle 10 geschehen, sondern darüber hinaus zumeist auch noch mit derjenigen einer sogenannten „Benchmark" (Vergleichsmaßstab) verglichen. Hierfür dient in der Regel ein Aktienindex[17]. Übertrifft die Performance des Fonds diejenige des Index, so ist er gut. Im umgekehrten Fall ist der Fonds schlecht. Ursache für Performanceunterschiede zwischen Fonds und Index ist deren unterschiedliche Zusammensetzung, welche im Wesentlichen auf der Selektionsleistung des Managements beruht und sich eben gut oder schlecht auswirkt.

Ein Fonds, der genauso wie ein Aktienindex anlegt, ist wie dieser diversifiziert, verfügt aber über keine Selektionsleistung seines Managements, weswegen in

---

[17] Sowohl dem Wert eines Aktienfonds als auch dem Wert eines Aktienindex liegt bei seiner Berechnung ein aus bestimmten Aktien zusammengesetztes Portfolio zu Grunde. Während das Portfolio beim Fonds real vorhanden ist, besteht es beim Index nur rechnerisch und ist insoweit „virtuell". Es repräsentiert das Universum eines (Teil-) Marktes. Beim Vergleich ist nicht die absolute Höhe, sondern die relative Veränderung entscheidend.

diesem Zusammenhang von „passivem Management" gesprochen wird. Gutes „aktives Management" zeigt sich nun daran, dass der Fonds aufgrund seiner Selektion (nachhaltig) besser abschneidet als sein Vergleichsindex. Tatsächlich gelingt dies insbesondere unter Berücksichtigung der Kosten für das aktive Management nur wenigen Fonds. Hinzu kommt, dass selbst wenn diese „Outperformance" in der Vergangenheit gelungen ist, diese aufgrund von Veränderungen an den Märkten sowie personellen und methodenbezogenen Wechseln im Management für die Zukunft nicht als stabil unterstellt werden kann. So drohen aus guten Fonds schlechte zu werden, während umgekehrt aus schlechten Fonds auch gute werden können. Für den Anleger ist dies mit vernünftigem Aufwand nur begrenzt vorhersehbar.

Eine Strategie sich dagegen zu wappnen, dass das Fondsmanagement sich im Nachhinein als schlecht herausstellt, ist es auf Fonds mit passivem Management, das heißt: Index Investments, zu setzen. Damit landet der Anleger zwar nicht den großen Coup, aber er vermeidet die Gefahr einer besonders schlechten Performance.

Auch wenn es von der Volatilität kurzfristig überdeckt wird, langfristig sind es die (Verwaltungs-)Kosten, die die Höhe der Performance wesentlich mitbestimmen. Die Kosten im Vergleich zu den Schwankungen im Wert der Anlage kommen dem Laien häufig gar nicht so hoch vor und werden von diesem in ihrem Einfluss auf die Performance unterschätzt. Dies ist jedoch insofern ein Fehler, als der hoch veranschlagte Einfluss der Schwankungen übertrieben ist, da sie sich in der langen Frist zu einem guten Teil einander ausgleichen. Kosten senken ist mithin eine einfache, aber effektive Strategie, die Performance langfristig wirklich zu verbessern. Die schlechte Performance vieler Fonds mit aktivem Management liegt eben nicht daran, dass deren Selektionsleistung als solche negativ wäre, sondern daran, dass es nicht gelingt, mit dieser die mit ihr verbundenen Kosten zu verdienen.

Ein weiterer Kostenvorteil von Index Investments besteht darin, dass sie keines aufwendigen Vertriebs bedürfen, der ihr vorteilhaftes Management herausstellt und den der Kunde ansonsten durch die branchenüblichen Ausgabeaufschläge[18] zu finanzieren hätte. Index-Fonds werden als sogenannte „Exchange-traded Funds" (ETFs) an der Börse gehandelt und lösen bei Kauf und Verkauf regelmäßig für den Anleger nur einen Bruchteil der sonst üblichen Transaktionskosten aus.

Index-Zertifikate sollten nicht mit ETFs verwechselt werden. Ihre Performance berechnet sich zwar nach den gleichen Regeln, aber die mit ihnen verbundene Sicher-

---

18 Beim Ausgabeaufschlag handelt es sich um ein Agio, welches im Fall eines Kaufes zusätzlich zum inneren Wert zu zahlen ist und beim Verkauf insoweit verloren ist, als die Rücknahme zum inneren Wert erfolgt. Es beträgt bei Aktienfonds typischerweise um die 5 Prozent und ist als Reaktion auf die ETFs nunmehr meist verhandelbar.

heit ist eine gänzlich andere. Fonds sind ein Sondervermögen von Aktien, auf das der Anleger bei Schwierigkeiten zugreifen kann. Demgegenüber haftet bei
einem Zertifikat allein der Aussteller für den Wert des
Zertifikats. Daher hängt es auch von dessen Kreditwürdigkeit ab, wie viel letztlich dafür bezahlt wird.
Dies kann in der Stunde der Not, deutlich weniger sein,
als sich theoretisch aufgrund der Indexstände ergäbe.
Wir raten deshalb eindringlich dazu, ETFs gegenüber
Zertifikaten vorzuziehen. Bereits bei ETFs können jedoch aufgrund von Derivativgeschäften und Wertpa-
pierleihe in einer ungünstigen Konstellation bis zu zehn
Prozent des Fondswerts von der Zahlungsfähigkeit der
Gegenparteien des Fonds abhängen. Eine Regelung, die
nicht erfreulich, aber im wahrsten Sinn des Wortes
(mindestens) zehnmal besser ist, als beim Zertifikat.

2. Anlagemöglichkeiten und Anteil am Gesamtvermögen

Es gibt unzählige Index-Fonds von einer Vielzahl von
Fondsanbietern. In Deutschland sind als Anbieter zum
einen i-shares und zum anderen db x-trackers besonders bekannt. Da die Fonds in hohem Maße standar-
disiert und transparent sind und es abgesehen von der
Effizienz bei der technischen Umsetzung nicht auf die
Leistung des Fondsmanagements ankommt, sollte die
Frage nach der Wahl des Anbieters nicht übertrieben
wichtig genommen werden. Allerdings sollte aus den

weiter oben vorgetragenen Gründen gleichwohl auf das Renommee des Fondsanbieters geachtet werden.

Abbildung 7 stellt als Orientierungshilfe einen Vorschlag für die Aufteilung des gesamten Index Investments auf verschiedene ETFs zusammen. Demnach machen 40 Prozent der Anlage der MSCI World aus, der weniger die gesamte Welt, als vielmehr vor allem die USA und andere traditionelle, angelsächsische Industrieländer widerspiegelt. Die Schwellenländer werden als aufstrebende Märkte im 20 Prozentanteil des MSCI Emerging Markets berücksichtigt.

Abbildung 7
Vorgeschlagene Aufteilung der Index Investments

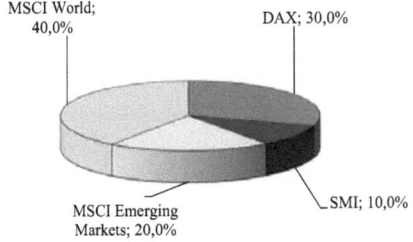

MSCI World; 40,0%

DAX; 30,0%

MSCI Emerging Markets; 20,0%

SMI; 10,0%

Schließlich bleiben 40 Prozent für jene traditionellen Industrieländer übrig, die als nicht angelsächsische Länder aufgrund der geringeren Börsenorientierung ihrer Volkswirtschaften im MSCI World unterrepräsentiert sind. Hierzu zählt vor allen Dingen Deutschland. Ein Land, das wir nicht nur unter dem Gesichtspunkt Heimatland favorisieren, sondern auch aufgrund der vielversprechenden „Tugenden", die aus seiner spezifischen Wirtschaftskultur erwachsen. Zudem ermöglicht die internationale Orientierung der hiesigen Unternehmen ein globales Wirtschaftsengagement in einem vertrauten Kontext. Dabei bewirkt die internationale Orientierung allerdings zunehmend, dass die Frage nach der Nationalität von Unternehmen ohnehin schwerlich eindeutig zu beantworten ist. Wir halten gleichwohl an unserer Präferenz für „deutsche" Unternehmen fest und schlagen für den DAX einen Anteil von 30 Prozent vor und für den schweizerischen SMI einen solchen von 10 Prozent. Da die schweizerische Wirtschaft der deutschen in der „Charakteristik" sehr ähnlich ist bzw. diese sogar akzentuiert, ermöglicht dies unter Beibehaltung der diesbezüglichen Fokussierung eine verbesserte Streuung.

Tabelle 11 gibt die Performance der vier vorgeschlagenen Index-Fonds für die letzten fünf Jahre wieder. Ein Vergleich mit *Tabelle 9* auf Seite 65, in der die Performance verschiedener aktiv gemanagter Aktienfonds zusammengetragen wurde, ergibt keine großen Unterschiede, obgleich es sich dabei um Fonds handelt, die wir für durchaus gut befunden haben. Auch dies zeigt, dass mit dem Übergang auf Index Investments nach oben hin nicht wirklich viel an Ertragspotential verschenkt wird. Stattdessen wird das Risiko nach unten, was sich durch eine Zusammenstellung schlechter Fonds dokumentieren ließe, eliminiert.

Tabelle 11

Performance des DAX, des SMI und des MSCI Emerging Markets Index sowie des MSCI World Index jeweils als ETF in EUR zum Jahresende 2016 fünf Jahre zurück[19]

Index	(Gesamt-)Rendite
DAX	13,00% p.a.
SMI	11,17% p.a.
MSCI Emerging Markets	4,52% p.a.
MSCI World	13,91% p.a.

Wir haben bereits im II. Kapitel im Abschnitt über Asset Allocation einen Anteil der Index Investments am Gesamtvermögen von 20 Prozent vorgeschlagen. Es sind aber auch bis zu 40 Prozent dann vorstellbar, wenn sie Global Investments oder Value Investments (teilweise) ersetzen sollen. Umgekehrt ist auch eine Reduzierung des Anteils bis hin zum vollständigen Verzicht auf Index Investments denkbar.

---

[19] Die Kurse der db x-trackers sind Performancewerte. Vgl. hierzu die Datenbank auf der Website von OnVista. Die Prozentsätze sind eigene Berechnungen, siehe hierzu II. Kapitel, Abschnitt „Renditen, Wachstumsraten und Volatilität".

3. DAX

Obgleich der DAX nur 30 Unternehmen umfasst, repräsentiert er einen akzeptablen Querschnitt durch unterschiedliche Wirtschaftssektoren. Vgl. *Abbildung 8.* Hinzu kommt, dass aufgrund der Globalisierung und der hohen außenwirtschaftlichen Orientierung der Unternehmen im DAX, seine Abhängigkeit von der Entwicklung der deutschen (Binnen-)Wirtschaft begrenzt ist. Vielmehr bietet sich auch über die Beteiligung an den DAX-Unternehmen die Möglichkeit am Wachstum der gesamten Weltwirtschaft teilzuhaben.

Abbildung 8
Aufteilung des DAX nach Sektoren[20]

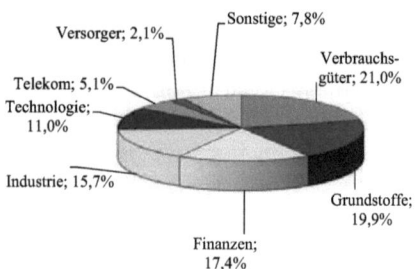

---

[20] Vgl. für die Indexaufteilung den von der Deutschen Bank herausgegebenen Monatsbericht db x-trackers DAX ETF vom 28.04.2017.

4. SMI

Bereits die drei Unternehmen mit der größten Börsenkapitalisierung in der Schweiz – Nestle, Novartis und Roche – machen, wie *Abbildung 9* zeigt, etwa 60 Prozent des SMI aus. Von daher ist Diversifikation nicht die Stärke des SMI. Dieser Index kann sinnvollerweise nur als kleiner Teil in ein breiteres Anlagespektrum eingebunden werden. Dann ist er aber aufgrund der hohen Qualität seiner Unternehmen ein wirklicher Gewinn.

Abbildung 9
Aufteilung des SMI nach Unternehmen[21]

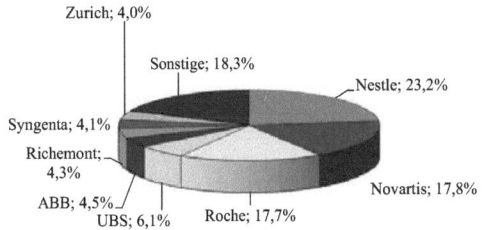

---

21 Vgl. für die Indexaufteilung den von der Deutschen Bank herausgegebenen Monatsbericht db x-trackers SMI ETF vom 28.04.2017.

5. MSCI Emerging Markets

Der MSCI Emerging Markets ist ein Index für Aktien aus den (aufstrebenden) Schwellenländern, wobei kein Land übertrieben dominant vertreten ist. Selbst China hat gemäß *Abbildung 10* lediglich einen Anteil von 19,0%. Weitere wichtige Länder sind Südkorea, Taiwan, Indien, Brasilien, Südafrika und Russland. Ihre Volkswirtschaften sind recht unterschiedlich strukturiert, so dass es einen guten Diversifikationseffekt im Index gibt.

Abbildung 10
Aufteilung des MSCI Emerging Markets Index nach Ländern[22]

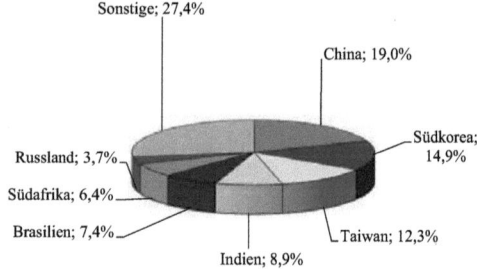

---

[22] Vgl für die Indexaufteilung den von der Deutschen Bank herausgegebenen Monatsbericht db x-trackers MSCI EMERGING MARKETS TRN INDEX ETF vom 28.04.2017.

6. MSCI World

Der Anteil schweizerischer und deutscher Aktien am MSCI World Index beträgt gemäß *Abbildung 11* zusammengenommen gerade einmal 7,2%, so dass es nur eine geringe Überschneidung mit dem DAX und SMI gibt. Anders als es der Name vermuten lässt, ist die Länderzusammensetzung nicht allzu bunt. Es dominiert die USA mit einem Anteil von über 50%. Außerdem sind lediglich Japan und Großbritannien einigermaßen stark vertreten.

Abbildung 11
Aufteilung des MSCI World Index nach Ländern[23]

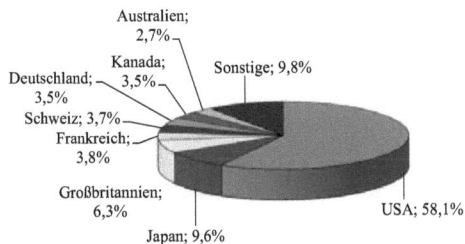

---

23 Vgl. für die Indexaufteilung den von der Deutschen Bank herausgegebenen Monatsbericht db x-trackers MSCI WORLD TRN INDEX ETF vom 28.04.2017.

VIII. Value Investments

1. Hintergrund

Wir haben im vorigen Kapitel den Vorteil der Selektionsleistung durch die Aktienfonds zumindest unter Berücksichtigung der damit verbundenen Kosten in Zweifel gezogen und als Konsequenz Index Investments vorgeschlagen. In diesem Kapitel wird nunmehr die Relevanz des Diversifikationsvorteils von Aktienfonds bezweifelt und als Konsequenz eine Anlage in einzelne Aktien vorgeschlagen, welche als Value Investments noch zu erläuternde Kriterien erfüllen sollen.

Die Reduzierung der Volatilität des Portfolios erfolgt nicht proportional zur Steigerung der Anzahl der darin enthaltenen unterschiedlichen Aktien. Bereits einige wenige Aktientitel machen den Großteil des erzielbaren Diversifikationseffekts insbesondere dann aus, wenn deren Kurse statistisch unabhängig sind. Ein darum konzentrierbares Portfolio benötigt in diesem Zusammenhang Aktien von nicht einmal zehn verschiedenen Unternehmen. Eine Anlage in einige (wenige) einzelne Aktientitel ist zum einen auch für kleinere Anleger machbar und schafft zum anderen die Möglichkeit sich mit den betreffenden Unternehmen intensiver aus „unternehmerischer Perspektive" auseinanderzusetzen.

Aktienanlage aus „unternehmerischer Perspektive" erfordert, das Geschäftsmodell des Unternehmens zu verstehen und im Fall von Value Investments folgende Fragen positiv zu beantworten: Erstens, schüttet das Unternehmen auf seine Aktien seit längerem (z. B. die vergangenen zehn Jahre) möglichst stetig wachsende Dividenden aus oder erhöht über andere Maßnahmen (wie z. B. Aktienrückkäufe) kontinuierlich den Wert der Aktienanlage? Wenn dies dem Unternehmen gelungen ist, stellt sich zweitens die Frage: Beruht die darin zum Ausdruck kommende Ertragskraft des Unternehmens auf einem „Wettbewerbsvorteil"?[24] Wenn ja, wie sieht er aus und ist sein Fortbestehen nicht allzu sehr bedroht? Drittens, erlaubt die Preispolitik des Unternehmens eine Anpassung seiner Preise an die Inflation? Viertens, ist das Unternehmen solide finanziert? Fünftens, tragen die einbehaltenen Gewinne unverändert wirksam zum Gewinnwachstum bei, ohne dass dieses erlahmt? Anderenfalls würde dies an einer sinkenden Eigenkapitalrentabilität sichtbar.

---

24 Vgl. für eine ausführliche Darstellung das für das Thema grundlegende Buch von M. E. Porter, Wettbewerbsvorteile: Spitzenleistungen erreichen und behaupten, 6. Auflage, Frankfurt a. M. und New York: Campus Verlag, 2000. Einen begrenzten, aber ausreichenden Einblick erhält der Leser bereits anhand der praktischen Beispiele von Value Investments, die im 3. bis 8. Abschnitt gegeben werden.

Sechstens, ist auch noch die Volatilität der einzelnen Aktienanlage eher gering? Hierin zeigt sich die Stabilität in der Geschäftslage des Unternehmens. Die Stabilität wird ebenfalls durch den Wettbewerbsvorteil begünstigt und zeigt an, wie wenig das Fortbestehen des Wettbewerbsvorteils in Gefahr gewesen ist.

Idealerweise besteht der Wettbewerbsvorteil des Unternehmens über lange Zeit fort und macht seine Ertragslage in dieser gesamten Zeit stabil und vorausschaubar. Damit kann der Anleger folgenden Zusammenhang mit einer gewissen Berechtigung als zukünftig gegeben ansehen: Ein nicht nachlassendes Gewinnwachstum führt zu einem entsprechenden Wachstum der Ausschüttungen und dieses treibt wiederum das Wachstum des Aktienkurses voran, um das Niveau der Ausschüttungsrendite stabil zu halten. Ist nämlich das Wachstum der Ausschüttungen über längere Zeit höher als jenes des Aktienkurses, so ist die Ausschüttungsrendite gestiegen und die Aktie günstiger geworden. Zum Ausgleich muss dann die Aktie den Anstieg letzten Endes irgendwann nachholen. Auf der anderen Seite mag es auch für das günstigere Bewertungsniveau Gründe und damit (zunächst) keinen Ausgleich geben. Die Aussichten der gesamten Wirtschaft können sich verschlechtert haben und im Gefolge davon auch die des Unternehmens. Dieses hat unter Umständen auch mit spezifischen Schwierigkeiten zu kämpfen. Ein Blick auf die Vergangenheit vieler Aktien, die wir nach obigen Kriterien als Value Investments bezeichnen dürfen, zeigt nun, dass diese die wirtschaftlichen Herausforderungen, seien es nun allgemeine oder unternehmensspezifische gewesen, gut bewältigen konnten. „Value-Unternehmen" sind wirtschaftliche Siegertypen, was sie zum einen in der Vergangenheit unter Beweis gestellt haben und wofür es zum anderen mit ihrem Wettbewerbsvorteil auch einen klar benennbaren Grund gibt. Es handelt sich also nicht nur um reines Glück, worauf weniger Verlass wäre. Die auf den Wettbewerbsvorteil zurückgehende Stabilität der Geschäftslage bewirkt Vorausschaubarkeit und mithin auch eine Stabilität bei den Geschäftsaussichten. Der Anleger kann sich im Allgemeinen darauf verlassen, dass solche Unternehmen ein Eintrüben ihrer Aussichten in kurzer Zeit überwinden, einschließlich der damit verbundenen Kurseinbußen. Andererseits ist auch diese Situation nicht ohne Risiko. Denn es gilt bekanntlich der Spruch: „Der Krug geht so lange zum Brunnen, bis er bricht."

Ein Blick in die Vergangenheit bei sämtlichen Beispielen von Value Investments, die in den folgenden Abschnitten gegeben werden, zeigt, dass eine solche Strategie stets erfolgreich war. Konkret heißt das: Kaufen wenn die Auschüttungsrendite im langjährigen Vergleich besonders hoch war. Denn dann war der maßgebliche Kurs zum Vorjahresende ein ausgesprochen niedriger und somit für das Kaufen besonders günstiger Kurs. Umgekehrt war es in dieser Zeit aus spiegelbildlichen Überlegungen sinnvoll, das Kaufen der Aktien bei einer niedrigen Ausschüttungsrendite zu vermeiden.

Damit ersetzt der typische Value Investor nicht nur den Grundsatz maximaler Diversifkation gegen den eines „konzentrierten Portfolios", sondern auch die Empfehlung, seine Anlagezeitpunkte vielfältig und von Marktgegebenheiten unbeeindruckt zu streuen, gegen diejenige eines (langfristigen) Market Timing.

Wer eine solche (Timing-)Strategie tatsächlich umsetzen will, muss sich darüber im Klaren sein, dass deren Gelingen ganz wesentlich davon abhängt, dass die in Aussicht genommene Aktie die Kriterien eines Value Investments wirklich erfüllt. Anderenfalls besteht ein erhebliches Risiko, schief zu liegen. Selbst für Value Investments gilt jedoch immer: „Der Krug geht so lange zum Brunnen, bis er bricht." Bis dahin kann er allerdings sehr lange sehr nützlich sein.

2. Anlagemöglichkeiten und Anteil am Gesamtvermögen

Wir räumen ein, dass es dem Leser allein aufgrund obiger Ausführungen eher schwer fallen wird, Value Investments auf den weltweiten Aktienmärkten zu identifizieren, und geben deshalb noch Beispiele, nach deren Studium es dem Leser leichter fallen sollte zu sehen, wie dies praktisch durchzuführen ist.

Abbildung 12
Vorgeschlagene Aufteilung der Value Investments
bei Berücksichtigung der Engagements im Rahmen der
Index Investments

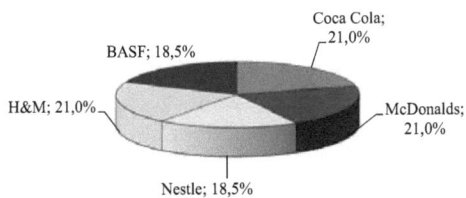

Abbildung 12 stellt die fünf Unternehmen zusammen, die wir in den folgenden Abschnitten als Beispiele für Value Investments präsentieren wollen. Die Anzahl fünf betrachten wir als Untergrenze für ein Portfolio. Besser wären zehn verschiedene Aktien. Es bleibt also noch Raum für vom Leser selbst identifizierte „Value Unternehmen". Die Gewichtung im vorgeschlagenen Portfolio weicht von einheitlich 20 Prozent ab, um das zusätzliche Gewicht auszugleichen, welches Nestle aufgrund seiner starken Präsenz im SMI und BASF als bedeutender Bestandteil des DAX haben. Soweit der Anleger über keine Index Investments im vorgesehenen Umfang verfügt oder den damit verbundenen Effekt nicht ausgleichen will, ersetzt er unsere Gewich-

tung gegen eine Gleichverteilung. Im Übrigen ver-
schieben sich die Gewichte aufgrund der unterschiedlichen Kursentwicklung der Aktien ohnehin und sollten nur als ungefähre Orientierung verstanden werden.

Was den Anteil von Value Investments am Gesamtvermögen bestrifft, so haben wir bereits im II. Kapitel
im Abschnitt über Asset Allocation einen Anteil von 20
Prozent vorgeschlagen. Es sind aber auch bis zu 40
Prozent dann vorstellbar, wenn sie Global Investments
oder Index Investments (teilweise) ersetzen sollen.
Umgekehrt ist auch eine Reduzierung des Anteils bis
hin zum vollständigen Verzicht auf Value Investments
denkbar. Davon raten wir aber aufgrund der hohen
Ertragskraft von Value Investments ab.

3. Coca-Cola

Coca-Cola ist der Klassiker eines Value Investments.
An dieser Gesellschaft hat sich der legendäre Investor
Warren Buffet, der weithin für seine dem Value-Ge-
danken verpflichtete Anlagepolitik bekannt ist, in beachtlichem Umfang beteiligt. Die Marke und das Produkt vorzustellen erübrigt sich, da schwerlich jemand
zu finden sein wird, der sie nicht bereits kennt. Beide
genießen Weltgeltung. Und dies zeigt bereits ein Ele-
ment von Coca-Colas Erfolg. Erfolg in einem Land
kann für das Unternehmen durch Wiederholung des
Erfolgs in einem weiteren Land ausgeweitet werden;
bis das Unternehmen schließlich weltweit vertreten ist.

Tabelle 12

Performance von Coca-Cola Aktien in USD[25]

Jahr	Jahres-schlusskurs	Ausschüt-tung	Ausschüt.-rendite p.a.	(Gesamt-) Rendite p.a.
2006	24,13			
2007	30,69	0,68	2,78%	26,83%
2008	22,64	0,76	2,45%	-27,98%
2009	28,50	0,82	3,56%	26,60%
2010	32,89	0,88	3,04%	17,35%
2011	34,99	0,94	2,82%	9,01%
2012	36,25	1,02	2,87%	6,43%
2013	41,31	1,12	3,04%	16,11%
2014	42,22	1,22	2,91%	5,09%
2015	42,96	1,32	3,08%	4,82%
2016	41,46	1,40	3,21%	-0,35%
Im Mittel			2,98%	8,39%
Volatilität				15,77%
Wachstum	5,41% p.a.	8,02% p.a.		

Darüber hinaus lässt sich der Erfolg durch eine Ausweitung der Produktpalette innerhalb des eigenen Kompetenzbereichs vergrößern. Bei Coca-Cola sind das Getränke. So stellt Coca-Cola nicht nur andere Softdrinks wie z. B. Sprite her, sondern hat auch andere Getränkekonzerne wie z. B. Schweppes übernommen. Schließlich ist Coca-Cola auch noch im Mineralwasser-Markt aktiv geworden.

---

25 Vgl. hierzu die Datenbank auf der Website von OnVista und für die Ausschüttungen – es sind die im laufenden Jahr ausbezahlten und für das Vorjahr beschlossenen Dividenden – die Geschäftsberichte von Coca-Cola. Die Zahlen sind aufgrund des Aktiensplits im Jahr 2012 im Verhältnis 1:2 angepasst. Die Prozentsätze sind eigene Berechnungen, siehe hierzu II. Kapitel, Abschnitt „Renditen, Wachstumsraten und Volatilität".

Zu den Erfolgsgeheimnissen von Coca-Cola gehört: gutes Produkt, starke Marke, weltweite Präsenz, Expansion ausschließlich im eigenen Kompetenzbereich.

Wie *Tabelle 12* zeigt, lässt sich die Performance einer Coca-Cola Aktie in US-Dollar für den Zeitraum Ende 2006 bis Ende 2016 mit einer (Gesamt-)Rendite von im Mittel 8,39% p.a. angeben, wobei die Volatilität 15,77% betrug. Die durchschnittliche (Gesamt-)Rendite setzt sich aus dem Mittelwert der Ausschüttungsrendite von 2,98% p.a. und einer Wachstumsrate von 5,41% p.a. zusammen. Letztere reflektiert den Kursgewinn und bleibt hinter dem Wachstum der Ausschüttungen zurück, was anzeigt, dass das Niveau der Ausschüttungsrendite gestiegen ist, und die Aktien Ende 2016 in dieser Hinsicht günstiger bewertet werden, als sie dies Ende 2006 wurden.

Der Euro war zum Jahresende 2006 USD 1,3193 wert und ist zum Jahresende 2016 auf USD 1,0516 gefallen. Daraus resultiert ein durchschnittlicher Rückgang des Euro von 2,27% p.a., was spiegelbildlich zu einem Anstieg des US-Dollars im gleichen Umfang führt.[26] Zur Performance in US-Dollar in Höhe von 8,39% p.a. ist folglich ein Währungsgewinn von 2,27% p.a. hinzuzuzählen, um zum Ergebnis in Euro in Höhe von 10,66% p.a zu gelangen.

---

[26] Vgl. für die Kurse die Datenbank auf der Website von OnVista. Der Prozentsatz ist eine eigene Berechnung, siehe hierzu II. Kapitel, Abschnitt „Renditen, Wachstumsraten und Volatilität".

4. McDonald's

Die oben beschriebenen Erfolgsfaktoren von Coca-Cola zeichnen auch McDonald's aus: gutes Produkt, starke Marke, weltweite Präsenz und Expansion ausschließlich im eigenen Kompetenzbereich.

Die besonders gute Qualität des Produkts schafft einen Wettbewerbsvorteil und ermöglicht somit eine in gewissem Umfang autonome Preispolitik, die für das Unternehmen zu (sehr) auskömmlichen Preisen führt.

Für McDonald's ist es in diesem Zusammenhang äußerst wichtig, adäquat auf die sich ändernden Einstellungen zur Ernährung in der Gesellschaft reagieren zu können und für den Fast-Food-Bereich, so gut es eben geht, zu adaptieren.

Gemäß *Tabelle 13* lässt sich die Performance einer McDonald's Aktie in US-Dollar für den Zeitraum Ende 2006 bis Ende 2016 mit einer (Gesamt-)Rendite von im Mittel 13,07% p.a. angeben, wobei die Volatilität lediglich 14,05% betrug. Die durchschnittliche (Gesamt-)Rendite setzt sich aus dem Mittelwert der Ausschüttungsrendite von 2,97% p.a. und einer Wachstumsrate von 10,10% p.a. zusammen. Letztere reflektiert den Kursgewinn und bleibt auch bei Mc-Donald's hinter dem Wachstum der Ausschüttungen zurück, weswegen die Aktie in dieser Hinsicht gegenüber Ende 2006 günstiger geworden ist.

Tabelle 13
Performance von McDonald's Aktien in USD[27]

Jahr	Jahres-schlusskurs	Ausschüt-tung	Ausschüt.-rendite p.a.	(Gesamt-)Rendite p.a.
2006	44,33			
2007	58,91	1,00	2,23%	30,67%
2008	62,09	1,50	2,51%	7,77%
2009	62,44	1,63	2,59%	3,15%
2010	76,76	2,05	3,23%	23,88%
2011	100,33	2,26	2,90%	29,68%
2012	88,21	2,87	2,82%	-10,05%
2013	97,03	3,12	3,48%	13,01%
2014	93,70	3,28	3,32%	-0,17%
2015	118,14	3,44	3,61%	26,78%
2016	121,72	3,61	3,01%	6,00%
Im Mittel			2,97%	13,07%
Volatilität				14,05%
Wachstum	10,10% p.a.	14,26% p.a.		

Zur Performance in US-Dollar in Höhe von 13,07% p.a. ist wie im vorigen Abschnitt ein Währungsgewinn von 2,27% p.a. hinzuzuzählen[28], um zum Ergebnis in Euro in Höhe von 15,80% p.a zu gelangen.

---

[27] Vgl. hierzu die Datenbank auf der Website von OnVista und für die Ausschüttungen – es sind die im laufenden Jahr ausbezahlten und für das Vorjahr beschlossenen Dividenden – die Geschäftsberichte von McDonald's. Die Prozentsätze sind eigene Berechnungen, siehe hierzu II. Kapitel, Abschnitt „Renditen, Wachstumsraten und Volatilität".

[28] Vgl. für die Herleitung S. 86 f.

Die sehr gute Performance von McDonald's Aktien ist nicht nur im Hinblick auf die hohe (Gesamt-)Rendite, sondern ebenfalls bezüglich der sehr niedrigen Volatilität bemerkenswert. Dies kommt auch darin zum Ausdruck, dass selbst im Jahr 2008, dem Jahr des allgemeinen Wirtschaftseinbruchs, noch eine positive (Gesamt-)Rendite erzielt werden konnte. Hierin zeigt sich die hohe Stabilität des McDonald's Geschäfts.

5. Nestle

Hohe Stabilität ist auch das Kennzeichen für Nestle, welches ein Unternehmen im Bereich Ernährung, Gesundheit und Wellness ist. Für Nestle gilt in diesem Zusammenhang: gute Produkte, starke Marken. Es ist innerhalb seines Kompetenzbereichs aufgrund der seit Jahrzehnten betriebenen Übernahmepolitik ein Konglomerat. Nestle ist auf der ganzen Welt mit Marken zu Hause, die in den unterschiedlichsten Ländern als „einheimisch" empfunden werden. Nescafe, Nesquik, Nestea, Nespresso, Maggi, Hertha, KitKat und so weiter. Von einem Deutschen als Gründer und der Unternehmenszentrale in der Schweiz wissen nur die Wenigsten. Und dies ist auch gut so, offenbaren doch auf der anderen Seite die weltweiten Umsatzzahlen, dass Nestle in gewisser Weise auch sehr stark ein amerikanisches Unternehmen ist; wovon viele Amerikaner ohnehin (fälschlicherweise) ausgehen.

Value Investments

Ein weiterer Aspekt des Erfolgs bei allen Value Unternehmen ist die genaue Beachtung von Wirtschaftlichkeitsüberlegungen bei der Leistungserstellung und strikte Kostenkontrolle. Beides gelingt Nestle einzuhalten, obgleich es aufgrund seiner Charakteristik als Konglomerat diesbezüglich gefährdet ist.

Tabelle 14
Performance von Nestle Aktien in CHF[29]

Jahr	Jahres-schlusskurs	Ausschüt-tung	Ausschüt.-rendite p.a.	(Gesamt-)Rendite p.a.
2006	43,30			
2007	52,00	1,04	2,37%	20,68%
2008	41,60	1,22	2,32%	-20,00%
2009	50,20	1,40	3,31%	22,10%
2010	54,75	1,60	3,14%	11,81%
2011	54,00	1,85	3,32%	1,94%
2012	59,85	1,95	3,55%	13,83%
2013	65,30	2,05	3,37%	12,08%
2014	72,95	2,15	3,24%	14,32%
2015	74,55	2,20	2,97%	5,14%
2016	73,05	2,25	2,97%	0,94%
Im Mittel			3,06%	8,29%
Volatilität				12,21%
Wachstum	5,23% p.a.	8,57% p.a.		

[29] Vgl. hierzu die Datenbank auf der Website von OnVista und für die Ausschüttungen – es sind die im laufenden Jahr ausbezahlten und für das Vorjahr beschlossenen Dividenden – die Geschäftsberichte von Nestle. Die Prozentsätze sind eigene Berechnungen, siehe hierzu II. Kapitel, Abschnitt „Renditen, Wachstumsraten und Volatilität".

Wie *Tabelle 14* zeigt, lässt sich die Performance einer
Nestle Aktie in Schweizer Franken (CHF) für den Zeitraum vom Jahresende 2006 bis zum Jahresende 2016
mit einer (Gesamt-)Rendite von im Mittel 8,29% p.a.
angeben, wobei die Volatilität ähnlich wie zuvor bei
McDonald's ein niedriges Niveau von lediglich 12,21%
hatte. Dies ist ein niedrigerer Wert als sich für viele
weltweit diversifizierte Aktienportfolios ergibt und
spiegelt eben die hohe Stabilität des Geschäfts von
Nestle wider.

Die (Gesamt-)Rendite setzt sich aus dem Mittelwert der
Ausschüttungsrendite von 3,06% p.a. und einer Wachs-
tumsrate von 5,23% p.a. zusammen. Letztere reflektiert
den Kursgewinn und bleibt auch bei Nestle hinter dem
Wachstum der Ausschüttungen zurück, weswegen die
Aktie gegenüber Ende 2006 zumindest bezüglich des
Kriteriums Ausschüttungsrendite günstiger geworden
ist.

Der Euro war zum Jahresende 2006 CHF 1,6085 wert
und ist zum Jahresende 2016 auf CHF 1,0705 gefallen.
Daraus resultiert ein durchschnittlicher Rückgang des
Euro von 4,07 % p.a., was spiegelbildlich zu einem
Anstieg des Schweizer Frankens im gleichen Umfang
führt.[30] Zur Performance in Schweizer Franken in Höhe
von 8,29% p.a. ist folglich ein Währungsgewinn von

---

30 Vgl. die Datenbank auf der Website von OnVista für die Kurse. Der
Prozentsatz ist eine eigene Berechnung, siehe hierzu II. Kapitel, Abschnitt „Renditen, Wachstumsraten und Volatilität".

4,07% p.a. hinzuzuzählen, um zum Ergebnis in Euro in Höhe von 12,36% p.a zu gelangen. Gerade im Hinblick auf die niedrige Volatilität ist dies ein sehr guter Wert.

6. Hennes & Mauritz

Die schwedische Modefirma Hennes & Mauritz (H& M) ist in ihrer Eigenschaft als Value Investment weniger bekannt als z. B. Coca-Cola oder McDonald's. Gleichwohl sprechen die Zahlen von *Tabelle 15* eine eindeutige Sprache und lassen keinen Zweifel an der Eignung von H&M als Value Investment.

H&M's Motto „fashion and quality at the best price" enthält in sich scheinbar einen Widerspruch. Gelten doch hohe Mode und Qualität bei Bekleidung gemeinhin als teuer. Und in der Tat muss H&M beim Thema Qualität Zugeständnisse an den günstigen Preis machen. Diese Zugeständnisse werden allerdings von den Kunden aufgrund der durch die hochmodische Ausrichtung ohnehin begrenzten Lebensdauer der Kleidungsstücke gut akzeptiert.

Zentraler Erfolgsfaktor von H&M ist seine vertikale Integration. Das heißt: sämtliche Schritte vom Entwurf und Einkauf der Rohmaterialien über Produktion und Logistik bis hin zum Verkauf in den H&M Shops liegen in der eigenen Hand. Daran ändert nichts, dass sich H&M der Lohnfertigung in fremden Fabriken und der Anmietung fremder Ladenlokale bedient. Im Gegenteil: dies erhöht die Flexibilität ohne die Kontrolle über den Gesamtprozess einzubüßen. Der „Rollout", das heißt: die Eröffnung von Filialen in immer mehr (neuen) Ländern, ist neben dem Internetkatalogverkauf wichtigster Treiber des Wachstums.

Tabelle 15

Performace von Hennes & Mauritz Aktien in EUR[31]

Jahr	Jahres-schlusskurs	Ausschüt-tung	Ausschüt.-rendite p.a.	(Gesamt-)Rendite p.a.
2006	19,08			
2007	20,68	0,62	3,20%	11,25%
2008	15,21	0,75	3,56%	-27,17%
2009	19,35	0,73	4,69%	28,77%
2010	25,11	0,82	4,15%	30,21%
2011	24,50	1,05	4,10%	1,66%
2012	26,27	1,05	4,20%	11,17%
2013	33,27	1,11	4,13%	27,75%
2014	34,44	1,05	3,10%	6,56%
2015	32,95	1,05	2,99%	-1,43%
2016	26,43	1,05	3,10%	-18,92%
im Mittel			3,73%	6,99%
Volatilität				19,49%
Wachstum	3,26% p.a.	5,82% p.a.		

---

[31] Vgl hierzu die Datenbank auf der Website von OnVista und für die Ausschüttungen – es sind die im laufenden Jahr ausbezahlten und für das Vorjahr beschlossenen Dividenden – die Geschäftsberichte von Hennes & Mauritz, wobei die Ausschüttungen mit dem Devisenkurs vom Gutschriftstag in EUR umgerechnet wurden. Die vergangenen Zahlen sind aufgrund des Aktiensplits im Jahr 2010 im Verhältnis 1:2 angepasst. Die Prozentsätze sind eigene Berechnungen, siehe hierzu II. Kapitel, Abschnitt „Renditen, Wachstumsraten und Volatilität".

Gemäß *Tabelle 15* lässt sich die Performance einer Hennes & Mauritz Aktie in Euro für den Zeitraum vom Jahresendende 2006 bis zum Jahresende 2016 mit einer (Gesamt-)Rendite von im Mittel 6,99% p.a. angeben, wobei die Volatilität mit 19,49% ein für „Value"-Aktien übliches Niveau aufweist. Die durchschnittliche (Gesamt-)Rendite setzt sich aus dem Mittelwert der Ausschüttungsrendite von 3,73% p.a. und einer Wachstumsrate von 3,26% p.a. zusammen. Letztere reflektiert den Kursgewinn und liegt bei H&M unterhalb dem Wachstum der Ausschüttungen, weswegen die Aktie im Vergleich zu 2006 zumindest in Hinsicht auf den Maßstab Ausschüttungsrendite ein günstigeres Bewertungsniveau hat.

Diese Performance ist verglichen mit der Performance anderer Aktienanlagen wie z. B. dem DWS Vermögensbildungsfonds I – vgl. *Tabelle 10* auf Seite 66 – zwar durchaus akzeptabel, kommt aber sowohl an das Niveau vorangegangener Dekaden in der eigenen Vergangenheit als auch an jenes anderer Value Investments in dieser Dekade nicht heran – vgl. hierzu die anderen Abschnitte in diesem Kapitel. Dies zeigt, dass auch „Value Unternehmen" Phasen besserer und schlechterer Entwicklung kennen. Allerdings auf sehr hohem Niveau; was das Risiko begrenzt. Zusätzlich kann das Risiko einer unbefriedigenden Performance durch das bereits beschriebene (langfristige) Market Timing verringert werden. Im Hinblick auf das Risiko gilt es schließlich festzustellen, dass die Volatilität der H&M Aktien nicht wesentlich von derjenigen eines weltweit diversifizierten Portfolios unterscheidet, wie ein Vergleich mit dem Wert vom DWS Vermögens-bildungsfonds I zeigt.

7. BASF

Die BASF Aktie ist kein klassisches Value Investment. Als traditionelles Chemieunternehmen und nunmehr auch als Öl- und Gas-Konzern ist BASF nicht so kon-sumnah, das heißt: mit seinen Geschäften nicht so nah am Endverbraucher wie die typischen „Value"-Unter-nehmen der vorangegangenen Beispiele. Dementspre-chend ist BASF wesentlich konjunkturabhängiger, was sich auch (wieder einmal) in einer (Fast-)Halbierung des Aktienkurses im Krisenjahr 2008 zeigte – vgl. *Tabelle 16*. Darüber hinaus bringt diese Eigenschaft auch die hohe Volatilität der (Gesamt-)Rendite im Be-trachtungszeitraum (Jahresende 2002 bis Jahresende 2016) zum Ausdruck. Die Volatilität ist mit 31,20% viel zu hoch für ein typisches Value Investment und doch erscheint BASF aus noch darzulegenden Gründen gleichwohl für ein Value Investment geeignet zu sein.

Value Investments

Tabelle 16
Performance von BASF Aktien in EUR[32]

Jahr	Jahres-schlusskurs	Ausschüt-tung	Ausschüt.-rendite p.a.	(Gesamt-)Rendite p.a.
2006	36,93			
2007	50,71	1,50	3,98%	35,70%
2008	27,73	1,95	3,77%	-56,58%
2009	43,46	1,95	6,80%	51,73%
2010	59,70	1,70	3,84%	35,59%
2011	53,89	2,20	3,62%	-6,62%
2012	71,15	2,50	4,53%	32,32%
2013	77,49	2,60	3,59%	12,12%
2014	69,88	2,70	3,42%	-6,91%
2015	70,72	2,80	3,93%	5,12%
2016	88,31	2,90	4,02%	26,23%
im Mittel			4,15%	12,87%
Volatilität				31,20%
Wachstum	8,72% p.a.	7,32% p.a.		

Aus unternehmerischer Sicht kann der 2008-er Einbruch als überzogen gelten. BASF war bereits damals weniger konjunkturabhängig, als es der Einbruch zum Ausdruck brachte. Dies liegt am zunehmenden Wettbewerbsvorteil in den Chemiesparten, der zum einen auf am individuellen Kundennutzen orientierte Innovationen und zum anderen auf stabile Kostenvorteile zurückgeht, welche nicht nur durch die Größe, sondern

---

[32] Vgl. hierzu die Datenbank auf der Website von OnVista und für die Ausschüttungen – es sind die im laufenden Jahr ausbezahlten und für das Vorjahr beschlossenen Dividenden – die Geschäftsberichte von BASF. Die vergangenen Zahlen sind aufgrund des Aktiensplits im Jahr 2008 im Verhältnis 1:2 angepasst. Die Prozentsätze sind eigene Berechnungen, siehe hierzu II. Kapitel, Abschnitt „Renditen, Wachstumsraten und Volatilität".

auch durch die geografische Lage der Produktions-
anlagen bedingt sind. Darüber hinaus reduziert sich die
Schwankungsanfälligkeit durch ein bedeutsamer wer-
dendes Öl- und Gas-Geschäft, das nicht nur eine
Diversifikation bewirkt, sondern auch eine vertikale
Integration mit sich bringt, da Öl und Gas wichtige
Rohstoffe für die Chemieproduktion sind. Auf der
anderen Seite hat nicht nur die besondere unternehmerische Qualität von BASF den Einbruch von 2008 so
gut überstehen lassen, sondern auch die Tatsache, dass
sich die gesamten Volkswirtschaften weltweit besser
entwickelten, als dies Ende 2008 für die folgenden
Jahre prognostiziert wurde.

Wie ein Blick auf *Tabelle 16* zeigt, hat der BASF Kurs
in 2009 einen guten Teil seiner Vorjahresverluste ausgleichen können und bereits 2010 neue Höchststände
erreichen können. Auch die Entwicklung der Divi-
dende spiegelt dies wider. Sie musste nur für das Ge-
schäftsjahr 2009 (Auszahlung in 2010) einmal reduziert werden. Davon abgesehen setzen die Ausschüttungen bei BASF ihr Wachstum fort und treiben den
Aktienkurs.

Vor diesem Hintergrund ist es nicht erstaunlich, dass
die Performance der BASF Aktie unter dem Gesichtspunkt (Gesamt-)Rendite eine gute und für ein Value
Investment vorbildliche war. Für den Zeitraum Ende
2006 bis Ende 2016 beträgt die (Gesamt-)Rendite im
Mittel 12,87% p.a. und setzt sich aus dem Mittelwert
der Ausschüttungsrendite von 4,15% p.a. und einer

Wachstumsrate von 8,72% p.a. zusammen. Letztere reflektiert den Kursgewinn und übersteigt bei BASF das Ausschüttungswachstum geringfügig, weswegen die Aktie in dieser Hinsicht gegenüber 2006 ein etwas höheres Bewertungsniveau aufweist.

8. Weitere Vorschläge

Dem Wunsch nach weiteren Vorschlägen für einzelne Value Aktien folgend, wurde dieser Abschnitt mit vier Gliederungspunkten neu eingefügt.

(1.) Colgate-Palmolive

Colgate-Palmolive ist einer der weltweit größten Anbieter von Haushaltshygiene und Zahnpasta. Im Einzelnen umfasst die Vorreiterposition im Hygienegeschäft Kompetenz in fünf Sparten: Mundhygiene, Körperpflege, Haushalts-Oberflächen-Hygiene, Textilpflege und Haustiernahrung. Neben Colgate und Palmolive sind beispielsweise Sorriso, Ajax und Softsoap weitere Highlights aus dem umfangreichen Portfolio weltweit vertriebener Markenprodukte.

Die Parallele zu Nestle fällt sofort ins Auge. Auch wenn der jeweilige Kompetenzbereich ein anderer ist, so ist doch die Strategie mit der Konzentration auf den eigenen Kompetenzbereich und die Umsetzung über starke weltweite Marken vollständig vergleichbar. Vor diesem Hintergrund überrascht es nicht, dass sich auch die Performance der Aktien ähnlich entwickelt.

Gemäß *Tabelle 17* lässt sich die Performance einer Colgate-Palmolive Aktie in US-Dollar für den Zeitraum Ende 2006 bis Ende 2016 mit einer (Gesamt-) Rendite von im Mittel 9,32% p.a. angeben, wobei die Volatilität lediglich 11,81% betrug. Die durchschnittliche (Gesamt-)Rendite setzt sich aus dem Mittelwert der Ausschüttungsrendite von 2,35% p.a. und einer Wachstumsrate von 6,96% p.a. zusammen. Letztere reflektiert den Kursgewinn und bleibt auch bei Colgate-Palmolive hinter dem Wachstum der Ausschüttungen zurück, weswegen die Aktie in dieser Hinsicht gegenüber Ende 2006 günstiger geworden ist.

Zur Performance in US-Dollar in Höhe von 9,32% p.a. ist ebenso wie in den vorangegangen Abschnitten ein Währungsgewinn von 2,27% p.a. hinzuzuzählen[33], um zum Ergebnis in Euro in Höhe von 11,59% p.a zu gelangen.

---

33 Vgl. für die Herleitung S. 86 f.

Tabelle 17
Performance von Colgate-Palmolive Aktien in USD[34]

Jahr	Jahres-schlusskurs	Ausschüt-tung	Ausschüt.-rendite p.a.	(Gesamt-)Rendite p.a.
2006	32,62			
2007	38,98	0,70	2,12%	19,94%
2008	34,27	0,78	1,98%	-10,90%
2009	41,08	0,86	2,48%	20,59%
2010	40,19	1,02	2,45%	0,26%
2011	46,56	1,14	2,80%	17,52%
2012	52,27	1,22	2,59%	14,15%
2013	65,21	1,33	2,51%	24,63%
2014	69,19	1,42	2,15%	8,08%
2015	66,62	1,50	2,14%	-1,64%
2016	65,44	1,55	2,30%	0,51%
im Mittel			2,35%	9,32%
Volatilität				11,81%
Wachstum	6,96% p.a.	8,83% p.a.		

Die gute Performance von Colgate-Palmolive-Aktien ist nicht nur im Hinblick auf die hohe (Gesamt-) Rendite, sondern ebenfalls bezüglich der besonders niedrigen Volatilität bemerkenswert. Sie dürfte zu den niedrigsten Werten gehören, die überhaupt für Aktien festgestellt werden können.

---

[34] Vgl. hierzu die Datenbank auf der Website von OnVista und für die Ausschüttungen – es sind die im laufenden Jahr ausbezahlten und für das Vorjahr beschlossenen Dividenden – die Geschäftsberichte von Colgate-Palmolive. Die vergangenen Zahlen sind aufgrund des Aktiensplits im Jahr 2013 im Verhältnis 1:2 angepasst. Die Prozentsätze sind eigene Berechnungen, siehe hierzu II. Kapitel, Abschnitt „Renditen, Wachstumsraten und Volatilität".

(2.) Walt Disney kombiniert mit AT&T

Die Walt Disney Company besitzt „Mickey Mouse"
und bearbeitet traditionell die Bereiche (Familien-)
Unterhaltung und Medien. Ausgangspunkt sind das
Produzieren von Filmen und das Betreiben von Erleb-
nisparks. Durch den Kauf von Capital Cities/ABC
wurden für die Inhalte von Disney weitere Verbrei-
tungskanäle eröffnet und über Fernsehen und Radio der
Einstieg in das Mediengeschäft (Verbreitung von
Inhalten) geschafft. Mit der Übernahme von Lucasfilm
gehört nun auch noch „Star Wars" zum Konzern. Walt
Disney verfügt über ein hohes Gewinnwachstum und
eine hohe Abhängigkeit vom Anklang, den seine immer wieder neu zu schaffenden Inhalte gerade finden.
Grundlage des Erfolges ist es, das damit verbundene
Risiko langfristig zu beherrschen.

Wie *Tabelle 18* zeigt, lässt sich die Performance einer
Walt Disney Aktie in US-Dollar für den Zeitraum Ende 2006 bis Ende 2016 mit einer (Gesamt-)Rendite von
im Mittel 12,58% p.a. angeben, wobei die Volatilität
23,05% betrug. Die durchschnittliche (Gesamt-) Rendite setzt sich aus dem Mittelwert der Ausschüttungsrendite von 1,44% p.a. und einer Wachstumsrate von
11,14% p.a. zusammen. Letztere reflektiert den Kursgewinn und bleibt hinter dem Wachstum der Ausschüttungen zurück, was anzeigt, dass das Niveau der Ausschüttungsrendite gestiegen ist, und die Aktien Ende
2016 in dieser Hinsicht günstiger bewertet werden, als
sie dies Ende 2006 wurden.

Tabelle 18
Performance von Walt Disney Aktien in USD[35]

Jahr	Jahres-schlusskurs	Ausschüt-tung	Ausschüt.-rendite p.a.	(Gesamt-)Rendite p.a.
2006	34,21			
2007	32,28	0,35	1,02%	-4,79%
2008	22,69	0,35	1,08%	-34,17%
2009	32,25	0,35	1,53%	36,69%
2010	37,51	0,40	1,23%	16,34%
2011	37,50	0,60	1,59%	1,56%
2012	49,79	0,75	1,98%	30,33%
2013	76,40	0,86	1,71%	44,53%
2014	94,19	1,15	1,49%	22,43%
2015	105,08	1,32	1,39%	12,32%
2016	104,22	1,42	1,34%	0,52%
im Mittel			1,44%	12,58%
Volatilität				23,05%
Wachstum	11,14% p.a.	15,56% p.a.		

Zur Performance in US-Dollar in Höhe von 12,58% p.a. ist auch hier ein Währungsgewinn von 2,27% p.a. hinzuzuzählen[36], um zum Ergebnis in Euro in Höhe von 14,85% p.a zu gelangen.

---

[35] Vgl. hierzu die Datenbank auf der Website von OnVista und für die Ausschüttungen – es sind die im laufenden Jahr ausbezahlten und für das Vorjahr beschlossenen Dividenden – die Geschäftsberichte von Walt Disney. Die vergangenen Zahlen sind aufgrund des Aktiensplits im Jahr 2007 im Verhältnis 1000:1014 angepasst. Die Prozentsätze sind eigene Berechnungen, siehe hierzu II. Kapitel, Abschnitt „Renditen, Wachstumsraten und Volatilität".

[36] Vgl. für die Herleitung S. 86 f.

Tabelle 19
Performance von AT&T Aktien in USD[37]

Jahr	Jahres-schlusskurs	Ausschüt-tung	Ausschüt.-rendite p.a.	(Gesamt-)Rendite p.a.
2006	35,75			
2007	41,56	1,42	3,90%	18,95%
2008	28,50	1,60	3,78%	-33,95%
2009	28,03	1,64	5,59%	3,93%
2010	29,38	1,68	5,82%	10,52%
2011	30,24	1,72	5,69%	8,57%
2012	33,71	1,76	5,66%	16,52%
2013	35,16	1,80	5,20%	9,41%
2014	33,59	1,84	5,10%	0,53%
2015	34,41	1,88	5,45%	7,86%
2016	42,53	1,92	5,43%	26,62%
im Mittel			5,16%	6,90%
Volatilität				16,22%
Wachstum	1,74% p.a.	3,35% p.a.		

Die niedrige Auschüttungsrendite und die hohe Volatilität macht es interessant, statt einer einheitlichen Position in Walt Disney eine kombinierte Position aufzubauen, die aus einem großen Teil Walt Disney und einem kleinen Teil AT&T besteht. Da AT&T mit über fünf Prozent im langjährigen Durchschnitt über eine sehr hohe und ausgesprochen stabile Ausschüttungsrendite verfügt (vergleiche *Tabelle 19*), kann die Beimischung von AT&T zu einer höheren Ausschüt-

---

37 Vgl. hierzu die Datenbank auf der Website von OnVista und für die Ausschüttungen – es sind die im laufenden Jahr ausbezahlten und für das Vorjahr beschlossenen Dividenden – die Geschäftsberichte von AT&T. Die Prozentsätze sind eigene Berechnungen, siehe hierzu II. Kapitel, Abschnitt „Renditen, Wachstumsraten und Volatilität".

tungsrendite und geringeren Volatilität führen. Hinzu kommt, dass sich sich das Telekommunikationsunternehmen AT&T durch die in Aussicht genommene Übernahme von Time Warner dem Geschäftsmodell von Walt Disney annähert, was zusätzlich Raum für Phantasie schafft.

(3.) Wells Fargo

Spätestens seit der Krise von 2008 gelten Finanzaktien als wenig attraktiv. Eine Ausnahme bildet die Bank Wells Fargo. Sie ist ein sehr großer Finanzdienstleister und hat ungefähr jeden dritten Haushalt in den USA als Kunde. Neben klassischen Bankdienstleistungen bietet Wells Fargo auch Leasing und Versicherungen für eine Masse von kleinen Kunden an. Das (spekulative) Handeln auf den Finanzmärkten spielt hingegen im Geschäftsmodell von Wells Fargo schon immer eine untergeordnete Rolle. Erfolgfaktoren sind stattdessen ein professionelles Marketing für das Massengeschäft und das Ausnutzen der in diesem Bereich erzielbaren Größenvorteile.

Die sehr starke Vertriebsorientierung ist eine Stärke von Wells Fargo, kann aber auch zu Problemen führen. Kürzlich ist es in diesem Zusammenhang zu einer schweren Affäre gekommen, bei der es darum ging, dass von Kunden Leistungsentgelte verlangt wurden, obgleich die Kunden die fraglichen Leistungen nicht aktiv nachgefragt hatten. Dies war sehr schädlich für

Wells Fargo, war aber Ergebnis allgemeinen unternehmerischen und nicht bankenspezifischen Risikos.

Gemäß *Tabelle 20* lässt sich die Performance einer
Wells Fargo Aktie in US-Dollar für den Zeitraum vom
Jahresende 2006 bis zum Jahresende 2016 mit einer
(Gesamt-)Rendite von im Mittel 7,00% p.a. angeben,
wobei die Volatilität akzeptable 15,49% betrug. Die
durchschnittliche (Gesamt-)Rendite setzt sich aus dem
Mittelwert der Ausschüttungsrendite von 2,62% p.a.
und ferner aus einer Wachstumsrate von 4,38% p.a. zusammen. Letztere reflektiert den Kursgewinn und übersteigt dabei das Ausschüttungswachstum, weswegen
die Aktie von Wells Fargo gemessen am Maßstab der
Ausschüttungsrendite gegenüber 2006 ein höheres Bewertungsniveau aufweist.

Zur Performance in US-Dollar in Höhe von 7,00% p.a.
ist ebenso wie in den vorangegangen Abschnitten ein
Währungsgewinn von 2,27% p.a. hinzuzuzählen[38], um
zum Ergebnis in Euro in Höhe von 9,27% p.a zu gelangen.

---

[38] Vgl. für die Herleitung S. 86 f.

Tabelle 20
Performance von Wells Fargo Aktien in USD[39]

Jahr	Jahres- schlusskurs	Ausschüt- tung	Ausschüt.- rendite p.a.	(Gesamt-) Rendite p.a.
2006	35,56			
2007	30,19	1,18	3,26%	-13,11%
2008	29,48	1,30	4,22%	1,84%
2009	26,99	0,49	1,65%	-7,18%
2010	30,99	0,20	0,74%	14,56%
2011	27,56	0,48	1,54%	-10,19%
2012	34,18	0,88	3,14%	24,67%
2013	45,40	1,15	3,31%	31,70%
2014	54,82	1,35	2,93%	21,78%
2015	54,36	1,48	2,66%	1,81%
2016	55,11	1,52	2,75%	4,12%
im Mittel			2,62%	7,00%
Volatilität				15,49%
Wachstum	4,38% p.a.	2,78% p.a.		

(4.) Bayer kombiniert mit Roche

Bayer ist ebenso wie BASF Teil der im 19. Jahrhundert in Deutschland gegründeten „Farbenindustrie", wie seinerzeit die chemische Industrie bezeichnet wurde. Bayer ist aber im 20. Jahrhundert einen anderen Weg als BASF gegangen und hat sich vor allem auf die Bereiche Pharma und Agrochemie ausgerichtet. Durch die

---

[39] Vgl. hierzu die Datenbank auf der Website von OnVista und für die Ausschüttungen – es sind die im laufenden Jahr ausbezahlten und für das Vorjahr beschlossenen Dividenden – die Geschäftsberichte von Wells Fargo. Die Prozentsätze sind eigene Berechnungen, siehe hierzu II. Kapitel, Abschnitt „Renditen, Wachstumsraten und Volatilität".

Übernahme von Monsanto konnte sich Bayer breiter aufstellen und das pharmaspezifische Risiko etwas reduzieren, gleichgültig wie umstritten der Deal in der Öffentlichkeit war. Bei forschenden Pharmaunternehmen liegen Heil und Unheil nahe bei einander. Einerseits können sie Leben retten, das bislang als verloren schien, andererseits können sie über unerwünschte Nebenwirkungen der Medikamente Leben gefährden. Dadurch ist jedes Pharmaunternehmen einem Schadenersatzrisiko ausgesetzt, welches schnell das Unternehmen in seiner Existenz bedroht. Die Kritik an Pharmaunternehmen geht aber noch weiter. Es wird als unanständig angesehen, die Krankheit von Menschen und deren damit verbundene Not zum Geschäft zu machen. Dabei wird freilich übersehen, dass effektive Hilfe genau dies erforderlich macht. Nicht verwunderlich, gibt es bis auf den heutigen Tag keine funktionierende Alternative zur Pharmaindustrie. Trotz aller Unterschiede im Geschäft von Bayer und BASF weisen beide ähnliche Performancezahlen auf; vergleiche hierzu *Tabelle 16* und *Tabelle 21*. Sie haben eine hohe (Gesamt-)Rendite, aber auch eine gemessen am Idealbild zu hohe Volatilität. Für Bayer beträgt in dem Zeitraum Ende 2006 bis Ende 2016 die (Gesamt-) Rendite im Mittel 11,42% p.a. und setzt sich aus dem Mittelwert der Ausschüttungsrendite von 2,51% p.a. und einer Wachstumsrate von 8,91% p.a. zusammen. Letztere reflektiert den Kursgewinn und bleibt hinter dem Ausschüttungswachstum zurück, weswegen die Bayer-Aktie gegenüber 2006 ein etwas günstigeres Bewertungsniveau aufweist.

Tabelle 21

Performance von Bayer Aktien in EUR[40]

Jahr	Jahres-schlusskurs	Ausschüt-tung	Ausschüt.-rendite p.a.	(Gesamt-) Rendite p.a.
2006	40,66			
2007	62,53	1,00	2,43%	45,47%
2008	41,55	1,35	2,14%	-38,74%
2009	55,96	1,40	3,31%	33,09%
2010	55,30	1,40	2,47%	1,28%
2011	49,40	1,50	2,68%	-8,61%
2012	71,89	1,65	3,29%	40,80%
2013	101,95	1,90	2,61%	37,54%
2014	113,00	2,10	2,04%	12,33%
2015	115,80	2,25	1,97%	4,42%
2016	99,13	2,50	2,14%	-13,41%
im Mittel			2,51%	11,42%
Volatilität				27,61%
Wachstum	8,91% p.a.	10,18% p.a.		

Das spezifische Risiko einzelner Pharmatitel legt den Gedanken der Diversifikation und damit einer kombinierten Position aus Bayer und Roche besonders nahe. Das ebenfalls im 19. Jahrhundert in Basel (Schweiz) gegründete Unternehmen weist insbesondere in den letzten Jahren ähnliche Renditen wie Bayer aus. Die allerdings im langjährigen Vergleich (2006-2016) geringeren Renditen auf Schweizer-Franken-Basis wer-

---

[40] Vgl. hierzu die Datenbank auf der Website von OnVista und für die Ausschüttungen – es sind die im laufenden Jahr ausbezahlten und für das Vorjahr beschlossenen Dividenden – die Geschäftsberichte von Bayer. Die Prozentsätze sind eigene Berechnungen, siehe hierzu II. Kapitel, Abschnitt „Renditen, Wachstumsraten und Volatilität".

den durch einen Währungsgewinn von 4,07% p.a.[41] im gleichen Zeitraum aufgebessert.

Tabelle 22

Performance von Roche Aktien in CHF[42]

Jahr	Jahres-schlusskurs	Ausschüt-tung	Ausschüt.-rendite p.a.	(Gesamt-)Rendite p.a.
2006	218,50			
2007	195,60	3,40	1,54%	-9,53%
2008	162,50	4,60	2,32%	-16,21%
2009	175,80	5,00	3,03%	10,90%
2010	137,00	6,00	3,36%	-21,58%
2011	159,20	6,60	4,71%	19,72%
2012	184,00	6,80	4,18%	18,66%
2013	249,20	7,35	3,92%	34,25%
2014	269.90	7,80	3,08%	11,06%
2015	276,40	8,00	2,92%	5,30%
2016	232,60	8,10	2,89%	-14,36%
im Mittel			3,20%	3,82%
Volatilität				18,44%
Wachstum	0,63% p.a.	9,65% p.a.		

---

[41] Vgl. für die Herleitung S. 92.

[42] Vgl. hierzu die Datenbank auf der Website von OnVista und für die Ausschüttungen – es sind die im laufenden Jahr ausbezahlten und für das Vorjahr beschlossenen Dividenden – die Geschäftsberichte von Roche. Die Prozentsätze sind eigene Berechnungen, siehe hierzu II. Kapitel, Abschnitt „Renditen, Wachstumsraten und Volatilität". Neben der hier vorgeschlagenen Aktie bietet Roche auch noch als weitere Titel: zum einen sogenannte Genussscheine (GS), die einer eine Art Vorzugsaktie darstellen, und zum anderen ADRs, die einem Achtel GS entsprechen und in US-Dollar gehandelt werden.

IX. Immobilien

1. Hintergrund

Wenn wir Immobilien mit den bisher diskutierten Vermögensarten vergleichen wollen, so fällt zunächst eine Parallele zum Sachwert Gold auf. Wie dieser lassen sich Immobilien – insbesondere hinsichtlich der Lage ihrer Grundstücke – nur schwer vermehren und sind deshalb knapp. Ähnlich wie die Gefahr neu entdeckter und leicht abbaubarer Goldvorkommen den Wert des Goldes bedroht, ist der Wert einer Immobilie durch eine Veränderung in den Eigenschaften ihrer Lage gefährdet. Zu denken ist in diesem Zusammenhang zum Beispiel einerseits an das Errichten einer Lärmquelle oder sonstigen Störung und andererseits an das durch welche Maßnahmen auch immer ausgelöste Verlagern von Verkehrs- und Geschäftsströmen. Die „sichere" Immobilie ist mithin ebenso wie das „sichere" Gold durchaus Risiken ausgesetzt. Anders als beim Gold lassen sich bei den Immobilien die Risiken durch eine Streuung auf verschiedene Objekte allerdings in gewissem Umfang ausgleichen. Hiervon können kleinere Geldanleger, wegen der Größe einer einzelnen Immobilieninvestition häufig keinen ausreichenden Gebrauch machen. Sie müssen deshalb oft das mit der Beschränkung auf ein Objekt verbundene Klumpen-

risiko tragen. Kehrseite des Risikos einer Verschlechterung der Immobilienlage ist die Chance auf deren
Verbesserung. Sie kann Anknüpfungspunkt für Speku-
lationen sein und setzt sodann eine intensive Aus-
einandersetzung mit dem (lokalen) Immobilienmarkt
voraus.

Anders als Gold werfen Immobilien laufende Erträge
ab. Ihre Performance lässt sich ähnlich wie bei den
Value Investments in den letzten Abschnitten des vergangenen Kapitels bestimmen. Die Ausschüttung entspricht den Nettomieteinnahmen, dies bedeutet: nach
Kosten, aber vor Zinsen. Bei selbstgenutztem Wohneigentum kann mit der ersparten Mietbelastung als
Einnahme(ersatz) gerechnet werden, wobei die kalkulatorische Miete des neuen Objekts anzusetzen ist.

Anders als bei Aktien wird der Verkaufswert von Immobilien nicht täglich, in der Regel sogar noch nicht
einmal zu jedem Jahresende neu bestimmt, sondern
ausgehend vom ursprünglichen Wert einfach fortge-
schrieben. Die (Gesamt-)Renditen der einzelnen Jahre
und die daraus abgeleitete Volatilität lassen sich daher
für Immobilien nur eingeschränkt bestimmen. Dies
führt bei vielen Anlegern zu einer Überschätzung der
Wertstabilität von Immobilien. Das Risiko ihrer Immobilien berücksichtigen sie allenfalls qualitativ als
langfristige Bindung oder geringe Liquidität ihrer in die
Anlage investierten Mittel.

Die hingegen stets, wenn auch bei Eigennutzung nur kalkulatorisch ermittelbare laufende (Ausschüttungs-) Rendite der Immobilie gibt den Rahmen für eine mögliche Fremdfinanzierung vor. Eine Zinsbelastung, die über die (kalkulatorischen) Nettomieteinnahmen hinausgeht, mag für einzelne Anleger tragbar sein, löst aber beim Finanzierer zusätzlichen über das Immobilienobjekt hinausgehenden (Kredit-)Sicherungsbedarf aus. Ist die laufende Rendite der Immobilie niedriger als der Zinssatz der Fremdfinanzierung, so bestimmt sich deren Anteil an der Gesamtfinanzierung als die Quote, die multipliziert mit den Zinsen, diese in ein angemessenes Verhältnis zu den (kalkulatorischen) Nettomieteinnahmen bringt.

Eine Fremdfinanzierung ist neben der eigentlichen Immobilie selbst Quelle von zusätzlichen Chancen und Risiken. Zum einen verschärft sie über den sogenannten „Gearing-Faktor" das Chancen- und Risikoprofil der Immobilie. Eine Immobilie, die zu 80 Prozent fremdfinanziert wurde, gefährdet bei einem zwanzigprozentigem Einbruch ihres Wertes das Eigenkapital ihres Anlegers zu 100 Prozent, wohingegen bei vollständiger Eigenfinanzierung die Verlustquote lediglich 20 Prozent beträgt und für den Anleger *verhältnismäßig* (1:5) besser zu verkraften und auszusitzen ist, was entscheidend sein kann. Auf der anderen Seite stellt die (Immobilien-)Fremdfinanzierung finanztechnisch einen negativen Bond dar und kann alle die Gesichtspunkte, die zurzeit gegen eine Anlage in Bonds sprechen, für sich als (spekulative) Pluspunkte verbu-

chen. Insbesondere eine hohe (negative) Duration ver-
spricht bei steigenden Zinsen zusätzlichen Gewinn.
Vergleiche für eine Erläuterung der hier verwendeten
Begriffe und Zusammenhänge das IV. Kapitel.

2. Anlagemöglichkeiten und Anteil am Gesamtvermögen

Als einzelne Formen von Anlagemöglichkeiten in Immobilien kommen in Frage:

(1.) Selbstgenutztes Wohneigentum
(2.) Wohn- oder Gewerbeimmobilien sowie Mischformen zur Vermietung
(3.) Geschlossene Immobilienfonds
(4.) Offene Immobilienfonds

Auf selbstgenutztes Wohneigentum und offene Immobilienfonds gehen wir in den folgenden Abschnitten
genauer ein. Sie stellen häufige Formen der Geldanlage dar, ohne die Grenze zu einer intensiveren fast
schon unternehmerischen Tätigkeit zu überschreiten.
Bei Immobilienobjekten zur Vermietung und bei geschlossenen Immobilienfonds ist die damit verbundene
Beanspruchung des Anlegers erheblich und wird von
diesen gerade beim Einstieg in eine solche Anlage
(fälschlicherweise) häufig vernachlässigt, was später
oft bereut wird.

Bei den eigenen Immobilienobjekten zur Vermietung machen die Verwaltung der Immobilie und insbesondere das oftmals nicht einfache (Rechts-)Verhältnis zu den Mietern den Großteil der Beanspruchung des Anlegers aus. Zudem müssen Veränderungen auf dem (lokalen) Immobilienmarkt stets ganz genau beobachtet werden. Ein (Haus-)Verwalter bringt unter Umständen Erleichterung, kostet aber auch Rendite.

Auch geschlossene Immobilienfonds bringen oft eine etwas geringere Beanspruchung des Anlegers mit sich und verursachen dafür höhere Kosten. Gleichwohl ist selbst die verbleibende Belastung als (Personen-)Gesellschafter des geschlossenen Fonds nicht unerheblich und zeigt sich spätestens bei der Steuererklärung. Darüber hinaus ist eine solche Anlage schwer veräußerbar und deshalb besonders illiquide.

Was den Anteil von Immobilien am Gesamtvermögen betrifft, so haben wir bereits im II. Kapitel im Abschnitt über Asset Allocation einen Anteil von 10 Prozent vorgeschlagen. Es ist aber auch ein höherer Anteil denkbar, der nur durch die Notwendigkeit, einen Teil seines Vermögens als Cash anzulegen, begrenzt ist. Der Cashanteil kann darüber hinaus auch durch Flexibilität bei der Ausschöpfung der Fremdfinanzierung noch reduziert werden. Es ist klar, dass ein solches Vorgehen eher der Not begrenzter (Eigen-)Mittel gehorchend vorgenommen wird und unter dem Gesichtspunkt einer ausgewogenen Asset Allocation abzulehnen ist. Wir raten deshalb auch davon ab, sehen aber, dass in bestimmten Fällen Ausnahmen sinnvoll sein können.

3. Selbstgenutztes Wohneigentum

Die Pluspunkte des selbstgenutzen Wohneigentums liegen zum einen in dem Entfallen eines Mieters und des damit verbundenen oftmals schwierigen (Rechts-) Verhältnisses, einschließlich des Bangens um den Eingang der Mietzahlungen, sowie zum anderen in der Behandlung des selbstgenutzten Wohneigentums im deutschen Steuerrecht. Während der erste Punkt sich von selbst erklärt, weisen wir zum zweiten Punkt darauf hin, dass der Eigentümer für die kalkulatorische Miete seines Objekts keine Steuern zahlen muss. Der Vorteil wird klar, wenn dem selbstgenutzten Wohneigentum alternativ ein Mietobjekt und sonstige Geldanlage gegenübergestellt wird. Im letztgenannten Fall muss der Anleger seine Miete aus den versteuerten Erträgen seiner Geldanlage bezahlen. Demgegenüber verbindet der Wohneigentümer seine Geldanlage mit dem Wohnobjekt und bleibt bezüglich seines Ertrages, den er direkt in Form des Wohnens konsumiert, unversteuert. Schließlich sei darauf hingewiesen, dass der (Veräußerungs-)Gewinn, der beim Verkauf seines selbstgenutzten Wohneigentums entstehen kann, nicht zu versteuern ist, soweit der Eigentümer ununterbrochen oder zumindest im Jahr der Veräußerung sowie zwei Jahre zuvor selbst darin gewohnt hat.

Auf der negativen Seite gilt es zu vermerken, dass das selbstgenutzte Wohneigentum bei vielen insbesondere kleineren Anlegern nur unter Missachtung einer ausgewogenen Asset Allocation zu verwirklichen ist. Dementsprechend droht, dass dadurch ein Klumpenrisiko auch über den Anlagebereich Immobilien hinaus bezogen auf das Gesamtvermögen hervorgerufen wird. Im Übrigen besteht die Gefahr marktferner Entscheidungen bezüglich der Ausgestaltung der Wohnung oder des Anwesens. So kann der Eigentümer Ausstattungsvarianten wählen, für die andere (markt-)übliche Mieter nicht bereit wären, zusätzlich zu zahlen. Sie stellen daher reinen Konsum dar und führen nicht zu einer Erhöhung des Vermögenswertes der Immobilie.

4. Offene Immobilienfonds

Wer sich zu einer Anlage in offene Immobilienfonds entschließt, hat damit gleich zwei Probleme gelöst, die ansonsten häufig mit einem Immobilien-Engagement verbunden sind: Zum einen kann er in ein diversifiziertes Portfolio von Immobilien auch kleine Beträge investieren, wie sie sich aus einer ausgewogenen Aufteilung seines Vermögens ergeben. So kann der Anleger in jeder Beziehung ein Klumpenrisiko vermeiden. Zum anderen ist in diesem Zusammenhang die Beanspruchung des Anlegers auf die einer einfachen Wertpapieranlage begrenzt.

Gleichwohl war die Anlage in offene Immobilienfonds bis vor Kurzem nicht unproblematisch. Verschiedene Fonds gerieten in Zahlungsschwierigkeiten und mussten demzufolge geschlossen und abgewickelt werden. Das heißt: die Immobilien mussten verkauft und der Erlös gegen Einreichung der Anteile ausgekehrt werden. Deren Wert hat sich im Rahmen dieser Maßnahmen deutlich reduziert. Hintergrund war ein Verhalten von verschiedenen institutionellen (Groß-)Investoren, welches zwar formal nicht missbräuchlich war, aber gleichwohl gegen den Grundgedanken der Fonds verstieß. Sie legten große Summen als Alternative zu den niedrigverzinslichen und unsicheren Geldmarktanlagen kurzfristig bei den Fonds an. Damit waren die Fonds in eine Zwangslage gebracht: entweder legten sie nunmehr selbst die Mittel als (unattraktive) Geldmarktanlagen an, was zu Lasten ihrer Rendite ging, oder sie investierten in Immobilien und gefährdeten damit ihre (Rück-)Zahlungsfähigkeit, welche dann auch tatsächlich von verschiedenen Großinvestoren kurzfristig beansprucht werden sollte.

Die in *Tabelle 23* vorgeschlagenen offenen Immobilienfonds waren aufgrund ihrer Struktur und Größe von der oben beschriebenen Problematik bis auf den Aspekt einer in gewissem Umfang verschlechterten Performance nicht betroffen. Darüber hinaus ist dieses Problem durch eine 2013 in Kraft getretene Reform der Rechtsgrundlagen und der damit verankerten längerfristigen

Bindung der Mittel in den Fonds zufrieden stellend gelöst worden.[43]

Tabelle 23
Vorgeschlagene offene Immobilienfonds

Fondsbezeichnung (WKN)	(Gesamt-)Rendite
Performance in EUR zum Jahresende 2016 fünf Jahre zurück[44]	
DEKA Immobilien Global (748361)	2,23% p.a.
Grundbesitz Global (980705)	1,78% p.a.
DEKA Immobilien Europa (980956)	2,23% p.a.
Grundbesitz Europa (980700)	2,55% p.a.

Tabelle 24 gibt beispielsweise detailliert die Performance eines Anteils am Immobilienfonds Grundbesitz Global in Euro für die letzten zehn Jahre wieder. Für den Zeitraum Ende 2006 bis Ende 2016 ergibt sich eine (Gesamt-)Rendite von im Mittel 2,77% p.a., wobei sich diese aus dem Mittelwert der Ausschüttungsrendite von 2,69% p.a. und einer Wachstumsrate des Anteilswerts von 0,07% p.a. zusammensetzt.

Die Volatilität der (Gesamt-)Rendite beträgt 1,39% und untertreibt das mit den (Fonds-)Immobilien verbun-

---

[43] Nunmehr muss eine Mindesthaltefrist von 24 Monaten und eine unwiderrufliche Ankündigung der Anteilsrückgabe mit einer Frist von 12 Monaten beachtet werden. Soweit das Erwerbsdatum vor dem 22. Juli 2013 liegt, darf der Anleger seine Anteile am Fonds gleichwohl im Wert von bis zu EUR 30.000 je Kalender*halbjahr* ohne Beachtung einschränkender Vorschriften zurückgeben.

[44] Vgl. hierzu die Datenbank auf der Website von OnVista. Die Prozentsätze sind eigene Berechnungen, siehe hierzu II. Kapitel, Abschnitt „Renditen, Wachstumsraten und Volatilität".

dene Risiko insoweit, als der Wert der Immobilien nicht (täglich) durch einen Markt, sondern nur behelfsmäßig in größeren Zeitabständen durch einen Gutachter ermittelt wird. Wir haben bereits im ersten Abschnitt dieses Kapitels auf dieses Problem hingewiesen.

Tabelle 24

Performance eines Anteils am
Immobilienfonds Grundbesitz Global in EUR[45]

Jahr	Jahres-schlusskurs	Ausschüt-tung	Ausschüt.-rendite p.a.	(Gesamt-)Rendite p.a.
2006	51,70			
2007	52,26	2,20	4,17%	5,24%
2008	52,61	2,20	4,12%	4,79%
2009	52,53	1,80	3,36%	3,21%
2010	52,35	1,30	2,44%	2,10%
2011	52,86	1,30	2,45%	3,42%
2012	52,20	1,70	3,17%	1,91%
2013	51,95	0,70	1,33%	0,85%
2014	52,35	0,80	1,53%	2,30%
2015	52,24	1,15	2,17%	1,96%
2016	52,08	1,15	2,18%	1,87%
im Mittel			2,69%	2,77%
Volatilität				1,39%
Wachstum	0,07% p.a.	-7,21% p.a.		

---

[45] Vgl. hierzu die Datenbank auf der Website von OnVista und für die Ausschüttungen – es sind die im laufenden Jahr ausbezahlten und für das Vorjahr beschlossenen Ausschüttungen – die Rechenschaftsberichte des Immobilienfonds Grundbesitz Global. Die Prozentsätze sind eigene Berechnungen, siehe hierzu II. Kapitel, Abschnitt „Renditen, Wachstumsraten und Volatilität".

X. Market-Timing-Aktivitäten

1. Hintergrund

Market-Timing-Aktivitäten erfordern weder das Bereitstellen großen Kapitals noch das Eingehen hoher Risiken, sondern vor allem viel disziplinierte Arbeit und intellektuelle Spannkraft. Schließlich sollte das alltägliche Studium der Finanzmärkte nicht als Gräuel empfunden werden, sondern Interesse dafür bestehen. Dies sind die Anforderungen, bei deren Erfüllen der Anleger auch noch zum Market Timer werden kann und dann mit einer sehr guten Performance rechnen darf, welche sich sowohl in mehr Rendite als auch in geringerem Risiko ausdrückt.

Die Prognose, ob ein Kurs auf den Finanzmärkten steigen oder fallen wird, ist mit der Einschätzung verbunden, dass dieser im Lichte der für seinen Wert (fundamental) bestimmenden Faktoren zurzeit zu tief oder zu hoch sei. Eine Einschätzung, die verschiedentlich zutreffend vorgenommen werden kann, deren Erfolg sich aber nicht ohne weiteres wiederholen lässt, womit für dauerhafte Erfolge eine stabile Grundlage fehlt. Denn ebenso wie die Kurse selbst, betreffen auch deren wertbestimmende Faktoren eine unsichere Zukunft und hängen damit von zufällig eintreffenden und deshalb kaum vorhersehbaren Neuigkeiten ab. Keine gute Basis für nachhaltig bessere Zukunftseinschätzungen als durch den Markt. Bei der Ermittlung des Kurs(niveaus) macht der (Finanz-)Markt nämlich zumindest keine systematischen Fehler und bildet auf der Grundlage all seiner Teilnehmer eine Form von „überindividueller Intelligenz" aus. Aus theoretischer Sicht führt dies zur Hypothese, dass Market Timing nicht möglich sei, da die Kurse einem Zufallsprozess folgten, der auf dem zufälligen Eintreffen von kursbestimmenden Neuigkeiten beruhe.

Entgegen der Hypothese vom zufälligen Kursverlauf unterscheiden Praktiker zum einen Phasen mit einer gleichlaufenden Kursentwicklung (Trend), in denen widersprechende Neuigkeiten scheinbar ignoriert werden, und zum anderen den zuweilen von unbedeutenden Ereignissen ausgelösten Ausbruch aus einer zuvor nicht enden wollenden einseitigen Zuspitzung der Kursentwicklung (Trendbruch bzw. Platzen der Blase). Schließlich gibt es Phasen einer richtungslosen Seitwärtsentwicklung. Ein Modell, das erfolgreiches Market Timing ermöglichen soll, muss diese unterschiedlichen Phasen der „Markttechnik" unterscheiden und darüber hinaus diese mehrheitlich zutreffend vorhersagen können. Hieran mangelt es den für ein simples Market Timing üblichen Trendfolge- oder Trendumkehrsystemen, die zumeist im Rahmen der sogenannten „technischen Analyse" nur alternativ eingesetzt werden. Während sie in der für sie richtigen

Umgebung schöne Gewinne abwerfen, verursachen sie im gegenteiligen Umfeld regelmäßig Verluste. Ein erfolgreiches Market Timing ist mit einfachen Mitteln deshalb allenfalls kurzfristig, aber nicht über längere Zeit möglich, wobei sich der Begriff „längere Zeit" dahingehend präzisiert, dass eine Zeitspanne gemeint ist, während der eben unterschiedliche Marktphasen auftreten. Wer langfristig mit Market Timing erfolgreich sein will, sollte seinem Handeln daher Vorhersagen aus einem fortgeschrittenen Modell zu Grunde legen, welches die unterschiedlichen Marktphasen berücksichtigt. Wer ein solches fortgeschrittenes Modell nicht selbst entwickeln will, bedient sich der Hilfe von Prognosediensten, die solche Modelle entwickeln, jedoch als exklusives Wissen für sich behalten und nur die Prognosen verkaufen. Die Nachvollziehbarkeit der Prognosen resultiert in diesem Fall nicht aus der Nachprüfbarkeit des Modells, sondern des in der Vergangenheit damit erzielbaren Erfolgs.

Nicht trivial, sondern überaus wichtig ist die Entscheidung zu bestimmten Zeiten nichts zu unternehmen. „Do nothing" ist eine bedeutsame Handlungsvariante, die darauf beruht, dass in Zeiten eines richtungslosen Marktes für den Market Timer aufgrund der Transaktionskosten eher Geld zu verlieren als zu gewinnen ist. Diese Erkenntnis drückt bereits der alte Spruch aus: „Hin und Her macht Taschen leer". Zwar gibt es auch für solche Marktsituationen geschäftliche Instrumente, insbesondere Optionen. Wir raten jedoch grundsätzlich von deren Einsatz ab, da sie eine Schätzung und

Bewertung der (aktuellen) Volatilität erfordern. In diesem Kontext verliert der Markt nämlich an Transparenz und Liquidität, so dass unnötige zusätzliche Möglichkeiten geschaffen werden, übervorteilt zu werden.

Soweit es überhaupt zum Entschluss für ein Agieren als Market Timer kommt, empfehlen wir mit obiger Begründung, sich Optionen zu verweigern und ausschließlich (unbedingte) Terminpositionen einzugehen. Hierfür bieten sich verschiedene Instrumente an, denen bei allen Unterschieden gemeinsam ist, dass ein Objekt zu bereits heute vereinbarten Bedingungen, aber mit erst zukünftiger Lieferung und Zahlung gekauft oder verkauft wird. Durch den Aufschub der Erfüllung ist es möglich, Dinge zu verkaufen, über die der (Leer-)Verkäufer im Zeitpunkt des Geschäftsabschlusses noch nicht verfügt. Eine daraus resultierende „Short-Position" setzt offensichtlich darauf, dass das jeweilige Objekt in Zukunft billiger wird und dann später für eine Erfüllung günstiger beschafft werden kann. Im umgekehrten Fall einer „Long-Position" wird hingegen auf steigende Kurse, oder allgemeiner auf eine positive Performance des Objekts gesetzt.

Das besondere Risiko von (unbedingten) Terminpositionen liegt am damit verbundenen Hebel, dem sogenannten „Gearing". Dieser drückt das Verhältnis der jeweiligen Position zu den Eigenen Mitteln aus und kann auch über 100% liegen, da die Terminposition eine (fremdfinanzierte) Kreditposition ist. Bei einem Gearing von z. B. 500% würde die Rendite auf die

Eigenen Mittel das fünffache der Rendite betragen, die sich auf die betreffende Position bezieht. Das würde aber im Falle eines Verlustes eben auch bedeuten, dass bei einem Minus von 20% auf der Position die Eigenen Mittel komplett absorbiert sind und ein Totalverlust vorliegt. Ein Verfahren, sich über eine sinnvolle Höhe für ein Gearing klar zu werden, ist es, die akzeptierte Volatilität der Eigen-Mittel-Rendite durch die (erwartete) Volatilität der Rendite aus einer (Dauer-)Positionierung zu teilen. In jedem Fall sollte ein Ignorieren des besonderen Risikos unterbleiben und das Gearing nicht bis an die Grenze der Sicherungsleistung, der sogenannten „Margin", getrieben werden. Dieser Hebel ist eine rein technische Größe und hat nichts mit dem Gearing zu tun, welches der Anleger für sich selbst und sein (Rein-)Vermögen aus Risikoüberlegungen wählen sollte.

Soweit der Market Timer gleichzeitig auf mehreren Märkten eine Position eingehen will, ist es eine einfache, auf Gleichverteilung beruhende Strategie, die Höhe der einzelnen Positionen und die insgesamt mögliche Position wie folgt zu bestimmen: In einem ersten Schritt wird für jeden Markt die aus Eigene Mittel und Gearing maximal ableitbare Position festgelegt, so als gäbe es keine weiteren Positionen. Anschließend werden in einem zweiten Schritt die so ermittelten Positionshöhen durch die Anzahl der insgesamt vorzunehmenden Positionierungen geteilt. Die Zusammenfassung der hierdurch ermittelten Einzelpositionen macht dann die Gesamtposition aus, wobei ein Diversifikationseffekt eintritt.

Zur Beurteilung der Performance, das heißt: von Rendite und Risiko bietet sich der Vergleich, mit der sogenannten „Buy and Hold"-Alternative an, die sich auf eine Daueranlage im gleichen Markt bezieht. Aus mehreren Märkten kombinierte Strategien sind auf ein Markt(konstrukt) zu beziehen, dessen Daueranlage für Vergleichszwecke angestrebt wird und deshalb zumindest subjektiv relevant ist.

Wie lohnend das Ganze sein kann, zeigt sich an den empfohlenen Positionierungen eines noch vorzustellenden Prognosedienstes. Sie beruhen auf einem fortgeschrittenen Vorhersagemodell, lassen sich in verschiedenen Strategien umsetzen und führten teils zu Renditen von im Mittel mehr als 20% p.a. für den Zeitraum Anfang 1991 bis Ende 2016.[46] Zugleich war die das Risiko ausdrückende (Verlust-)Wahrscheinlichkeit – für über 20% Minus in einem einzelnen Jahr – bedeutend kleiner als jene, die sich für eine breit diversifizierte permanente Aktienanlage ergab.[47]

---

[46] Vgl. die am Ende des Kapitels angefügten Tabellen 31 bis 33.
[47] Vgl. die am Ende des Kapitels angefügte Tabelle 34.

2. Umsetzungsmöglichkeiten und Anteil am Gesamtvermögen

Als konkrete Instrumente der Umsetzung kommen neben klassischen Termingeschäften in Frage:

      (1.) Terminkontrakte (Futures)
      (2.) Differenzkontrakte (CFDs)
      (3.) Knock-Out-Zertifikate

Futures unterscheiden sich vom Termingeschäft durch ihre Standardisierung und börsenmäßige Abwicklung. Hierdurch reduziert sich das mit den Gegenparteien verbundene Bonitätsrisiko. Die beachtliche Kontraktgröße der Futures macht ihre Verwendung für alle schwierig, die nicht mit großen Positionen agieren, zumal ein exaktes Darstellen der gewünschten Positionshöhe aus Gründen der Teilbarkeit zumeist den Rückgriff auf mehrere Kontrakte erfordert.

CFDs sind eine von vielen Onlinebrokern angebotene Alternative für kleinere Akteure. Diese Kontrakte haben zudem den Vorteil, dass sie nicht wie Futures bei ihrer Fälligkeit gerollt, das heißt: durch neue Geschäfte ersetzt werden müssen. Sie werden nicht zu Terminkursen, sondern zu den gewöhnlichen (Kassa-)Kursen abgeschlossen. Die Differenz zwischen beiden Kursen spiegelt im Wesentlichen Finanzierungskosten abzüglich Ausschüttungen wider. Als „Cost of Carry" werden sie bei CFDs nicht im Vorhinein im Rahmen einer

Kursdifferenz bezahlt, sondern im Nachhinein bzw. fortlaufend verrechnet.

Knock-Out-Zertifikate sind zwar Optionen, aber für ihre Wertbestimmung ist die Volatilität gleichwohl irrelevant. Sie werden je nach Anbieter entweder als Long-, Bull- oder Wave-Call-Zertifikate und im umgekehrten Fall als Short-, Bear- oder Wave-Put-Zertifkate bezeichnet. Ihr Kurs betimmt sich nach dem Abstand des (Basis-)Kurses des zugrunde liegenden Objekts von der Knock-Out-Schwelle. Beim Erreichen dieser Schwelle und damit eines Wertes von Null verfällt das Zertifikat wertlos. Der Vorteil des Zertifikats liegt darin, dass im Gegensatz zu den anderen Instrumenten die Gefahr eines (theoretisch) unbegrenzten Verlusts oder auch nur diejenige einer nachträglichen Erhöhung der Sicherungsleistung entfällt. Als wesentlicher Nachteil ist das mit jedem Zertifikat verbundene Bonitätsrisiko des Zertifikateemittenten anzuführen.

Für den Anteil am Gesamtvermögen sind nicht die Summe der Sicherungsleistungen oder der Kurswert der Zertifikate relevant, sondern jene Eigenen Mittel, die zur Deckung des mit den Market-Timing-Aktivitäten verbundenen Risikos abgestellt werden und über das Gearing die Grundlage für die Positionshöhen bilden. Soweit der Entschluss, als Market Timer zu agieren, gefallen ist, ist es auch denkbar den Anteil am Gesamtvermögen über den im Abschnitt über Asset Allocation im II. Kapitel vorgeschlagenen 10 Prozent hinaus zu erhöhen. Sofern allerdings die mit dem Market Timing verbundenen Anforderungen gescheut werden, sollte darauf ganz verzichtet werden.

3. The Market Timer

The Market Timer ist ein Prognosedienst, der in Form einer wöchentlich erscheinenden E-Mail vom Verfasser dieses Buches herausgegeben wird. Die Performance der damit verbreiteten Vorhersagen ist seit Jahren öffentlich nachvollziehbar. Die wöchentlichen Prognosen beruhen auf einem fortgeschrittenen Modell, welches Phasen positiver und negativer Autokorrelation identifiziert und demzufolge gleichzeitig Trendfolge- und Trendumkehr-Vorhersagestrategien nutzen kann. Je nach Vorhersage werden die Empfehlungen „go long", „go short" oder „do nothing" gegeben. Bei Befolgen der Empfehlungen lag im Zeitraum Anfang 1991 bis Ende 2016 der Ertrag zusammenfassend eher über als unter denjenigen der „Buy and Hold"-Alternative, wobei sich gleichzeitig eine substanziell niedrigere Volatilität ergab. Gegenstand der Vorhersagen sind folgende Märkte: (1.) DAX, (2.) Bund (Future), (3.) Euro/US-Dollar, (4.) Dow Jones auf Euro Basis, (5.) Nikkei 225 auf Euro Basis und (6.) Euro/Yen. „Auf Euro Basis" bedeutet dabei, dass neben der Entwicklung des Index auch die des Wechselkurses berücksichtigt wird, so dass sich die Vorhersagen stets auf den Erfolg in Euro beziehen. Bis auf den Bund (Future) handelt es sich immer um Kassakurse ohne Beachtung von Finanzierungskosten. Auch bei Berücksichtigung von Kosten bleibt das Market Timing der „Buy and Hold"-Alternative jedoch überlegen. Neben dem mehr als zwanzigjährigen Gesamtzeitraum wird ferner die Performance ausgehend vom aktuellen Erscheinungstag fünf Jahre bzw. ein Jahr zurück ausgewiesen. Dadurch soll dokumentiert werden, wie das langjährige Ergebnis sich mittel- und kurzfristig darstellt. Die *Tabellen 25 bis 30*, auf die Bezug genommen wird, sind jener E-Mail entnommen, mit der die Vorhersagen am 31.12.2016 verbreitet wurden, und sind auf den folgenden Seiten angefügt.

Für jeden Markt gibt es eine Tabelle, die wie folgt zu lesen ist: Jeweils im rechten Drittel der Tabelle ist der Spaltenbereich „Buy and Hold"(-Alternative) dargestellt. Die Position wird bei dieser Alternative über die gesamte Anzahl Wochen des betrachteten Anlagezeitraums gehalten, welche unter N vermerkt wird. In der nächsten Spalte rechts sind der durchschnittliche Ertrag und noch eine Spalte weiter rechts die zugehörige Volatilität ausgewiesen. Linkerhand in der Tabelle, in dem bisher noch nicht besprochenen Spaltenbereich, werden die entsprechenden Angaben für die Market-Timing-Aktivität wiedergegeben, wobei dies getrennt nach den Empfehlungen „go short" und „go long" erfolgt. Im Gegensatz zur „Buy and Hold"-Alternative, teilt sich beim Market Timing die Position je nach Empfehlung auf die Alternativen „go short", „go long" und „do nothing" auf. Deshalb ergibt die Differenz zwischen der Gesamtzahl der Wochen, die der „Buy and Hold"-Spalte zu entnehmen ist, und der Summe aus den Alternativen „go short" und „go long" die Anzahl der Wochen, für die „do nothing" gilt. Da bei „do nothing" immer ein Ertrag und eine Volatilität von Null auftreten, wird darauf verzichtet, diese Alternative explizit auszuweisen. Unterhalb der wöchentlichen Werte werden die jährlichen Werte angegeben, wobei sie auf der linken Seite für die zusammengefasste Market-Timing-Aktivität und rechts für die „Buy and Hold"-Alternative aufgeführt sind. Die Aufstellung verdeutlicht, dass zumeist in erheblichem Umfang sowohl der Ertrag oberhalb desjenigen als auch die Volatilität unterhalb derjenigen liegen, welche sich für die „Buy and Hold"-Alternative ergeben. Das vorgestellte Market Timing ist deshalb einem einfachen Buy and Hold eindeutig vorzuziehen.

Die unterschiedlichen Märkte lassen sich zu einer Strategie kombinieren, die entweder als „Basic Strategy" oder „Supplement" nur einen Teil der Märkte umfasst oder eben im Rahmen der „Full Strategy" aus sämtlichen Märkten besteht. Wird gleichzeitig mehr als eine Position empfohlen, sind die Positionen mit einem Faktor zu multiplizieren, der von der Anzahl der insgesamt beteiligten Positionen abhängt. Dieser beträgt im Fall von zwei Positionen 1/2, drei Positionen 1/3, usw. Durch die angegebenen Strategien, die nur als Beispiel dienen und nach Belieben zusammengestellt werden können, ergeben sich darüber hinaus zum einen eine Vermehrung der Ertragsmöglichkeiten in einzelnen Perioden und zum anderen eine Risikoreduktion durch Diversifikation. Aufgrund der niedrigen Ausgangsvolatilität und der Umsetzung der Positionen durch Futures, CFDs oder Knock-Out-Zertifkate gibt es die Möglichkeit bezogen auf die eingesetzten Eigenen Mittel ein Gearing zu nutzen. Der Faktor für die Eigenen Mittel beträgt je nach Markt 125%, 250% oder 500% und ist den *Tabellen 31 bis 33* zu entnehmen. Hier finden sich auch der Ertrag und die Volatilität, welche sich beim Umsetzen der Strategien ergeben. Während im Falle der „Full Strategy" die Rendite für den Zeitraum Anfang 1991 bis Ende 2016 im Mittel 22,43% p.a. beträgt, erzielt ein Vergleichsportfolio, das zu je einem Drittel aus DAX, Dow Jones und Nikkei 225 zusammengesetzt ist, auf Euro Basis lediglich 5,77% p.a. Dabei ist die Volatilität kaum höher, vielmehr das Risiko effektiv sogar geringer als beim Vergleichsportfolio. Vorausgesetzt, dass für das Risiko statt der Volatilität die Wahrscheinlichkeit in einem Jahr einen Verlust von über 20 Prozent zu erleiden zum Maßstab genommen wird. Diese Verlustwahrscheinlichkeit beträgt für die „Full Stratgey" im fraglichen Zeitraum (1991-2016) nämlich weniger als 2 Prozent und damit lediglich einen Bruchteil der über 11 Prozent, die sich für das oben beschriebene Vergleichsportfolio einstellen. Vgl. hierzu *Tabelle 34*, wo sich auch weitere Details finden.

Tabelle 25

The Market Timer vom 31.12.2016 auf Seite 2 oben

DAX		Price	Performance	Recommended Positioning
23.12.2016	17:45 CET	11.449,93		go long
30.12.2016	14:15 CET	11.481,06		go long
		31,13	0,27%	go long

		Short				Long			Buy & Hold	
	N	Return	Vola	N	Return	Vola	N	Return	Vola	
Performance per week										
1991-2016 year to date	121	0,26%	2,81%	449	0,35%	2,83%	1.356	0,16%	3,08%	
last 260 weeks	44	0,13%	2,79%	94	0,01%	2,21%	260	0,25%	2,54%	
last 52 weeks	20	0,22%	3,11%	18	0,22%	2,58%	52	0,13%	2,77%	
Performance per annum										
1991-2016 year to date (a year equals 52 weeks)				26 1/13	7,30%	13,25%	26 1/13	8,07%	22,18%	
				(short and long combined)						
last 5 years (260 weeks)				5	1,42%	12,60%	5	12,79%	18,29%	
one year back (52 weeks)				1	8,24%	17,43%	1	6,64%	19,97%	

Tabelle 26
The Market Timer vom 31.12.2016 auf Seite 2 mittig

Bund (Future)	Price	Performance	Recomended Positioning
23.12.2016 23:30 CET	163,71	0,43 0,26%	go short
30.12.2016 23:30 CET	164,14		go short

	Short			Long			Buy & Hold		
	N	Return	Vola	N	Return	Vola	N	Return	Vola
Performance per week									
1991-2016 year to date	178	0,11%	0,79%	399	0,10%	0,74%	1.356	0,05%	0,78%
last 260 weeks	33	-0,19%	0,71%	47	-0,04%	0,88%	260	0,06%	0,85%
last 52 weeks	9	-0,34%	0,33%	28	-0,03%	0,79%	52	0,07%	0,75%
Performance per annum									
1991-2016 year to date (a year equals 52 weeks)	26 1/13			26 1/13 (short and long combined)	2,22%	3,55%	26 1/13	2,59%	5,63%
last 5 years (260 weeks)	5			5	-1,60%	3,26%	5	3,33%	6,11%
one year back (52 weeks)	1			1	-3,82%	4,33%	1	3,81%	5,44%

Tabelle 27

The Market Timer vom 31.12.2016 auf Seite 2 unten

Euro/US-Dollar	Price	Performance	Recomended Positioning
23.12.2016 00:00 CET	1,0436		
30.12.2016 00:00 CET	1,0491	0,0055 0,53%	go short do nothing

	Short			Long			Buy & Hold		
	N	Return	Vola	N	Return	Vola	N	Return	Vola
Performance per week									
1991-2016 year to date	82	0,18%	1,18%	270	0,20%	1,57%	1.356	-0,02%	1,41%
last 260 weeks	17	-0,04%	1,23%	16	-0,04%	1,63%	260	-0,08%	1,09%
last 52 weeks	4	-0,25%	0,69%	4	-0,52%	1,25%	52	-0,08%	1,06%
Performance per annum									
1991-2016 year to date (a year equals 52 weeks)		(short and long combined)		26 1/13	2,65%	5,48%	26 1/13	-0,80%	10,19%
last 5 years (260 weeks)				5	-0,26%	3,59%	5	-3,96%	7,84%
One year back (52 weeks)				1	-3,09%	2,72%	1	-4,06%	7,65%

"go long" means buying Euro and selling US-Dollar, "go short" means selling Euro and buying US-Dollar.

Tabelle 28

The Market Timer vom 31.12.2016 auf Seite 3 oben

Dow Jones		Price		Performance*		Recomended Positioning*		
23.12.2016 22:35 CET		19.933,81		-171,21				
30.12.2016 22:45 CET		19.762,60		-1,39%				

		Short			Long		Buy & Hold do nothing go long		
	N	Return	Vola	N	Return	Vola	N	Return	Vola
Performance per week									
1991-2016 year to date	148	0,39%	2,94%	409	0,41%	2,56%	1.356	0,16%	2,59%
last 260 weeks	30	-0,66%	1,96%	89	0,38%	1,98%	260	0,26%	1,93%
last 52 weeks	2	-0,99%	4,85%	21	0,48%	2,21%	52	0,32%	2,21%
				(short and long combined)					
Performance per annum									
1991-2016 year to date (a year equals 52 weeks)				26 1/13	8,72%	12,40%	26 1/13	8,53%	18,68%
last 5 years (260 weeks)				5	2,87%	9,82%	5	13,35%	13,91%
one year back (52 weeks)				1	8,02%	11,34%	1	16,65%	15,94%

* on a Euro basis. Based on USD it yields -0,86%

Tabelle 29

The Market Timer vom 31.12.2016 auf Seite 3 mittig

Nikkei 225		Price	Performance*	Recomended Positioning*
22.12.2016	07:35 CET	19.427,67	-313,30	go long
30.12.2016	07:35 CET	19.114,37	-1,33%	go long

Performance per week		Short			Long			Buy & Hold		
	N	Return	Vola	N	Return	Vola	N	Return	Vola	
1991-2016 year to date	224	0,63%	3,32%	207	0,30%	2,97%	1.356	0,01%	3,04%	
last 260 weeks	23	0,40%	3,23%	78	0,32%	2,51%	260	0,23%	2,51%	
last 52 weeks	3	2,55%	5,81%	24	0,69%	3,22%	52	0,15%	3,17%	

Performance per annum	N	Return	Vola	N	Return	Vola	N	Return	Vola
1991-2016 year to date (a year equals 52 weeks)	26 1/13	7,80%	12,92%	(short and long combined)			26 1/13	0,72%	21,89%
last 5 years (260 weeks)	5	6,86%	12,03%				5	12,18%	18,07%
one year back (52 weeks)	1	24,31%	18,23%				1	7,81%	22,89%

* on a Euro basis. Based on Yen it yields -1,63%

Tabelle 30

The Market Timer vom 31.12.2016 auf Seite 3 unten

Euro/Yen		Price		Performance		Recomended Positioning		
23.12.2016 00:00 CET		122,677		-0,367		do nothing		
30.12.2016 00:00 CET		122,310		-0,30%		do nothing		
		Short		Long		Buy & Hold		
	N	Return	Vola	N	Return	Vola	N	Return	Vola
Performance per week									
1991–2016 year to date	216	0,41%	1,80%	273	0,30%	1,33%	1.356	-0,03%	1,67%
last 260 weeks	26	0,36%	1,21%	21	0,58%	1,66%	260	0,08%	1,47%
last 52 weeks	14	0,37%	1,47%	0	-	-	52	-0,14%	1,65%
Performance per annum				(short and long combined)					
1991–2016 year to date (a year equals 52 weeks)				26 1/13	6,51%	6,85%	26 1/13	-1,57%	12,06%
last 5 years (260 weeks)				5	4,27%	4,49%	5	4,29%	10,62%
one year back (52 weeks)				1	5,23%	5,47%	1	-7,39%	11,92%

"go long" means buying Euro and selling Yen, "go short" means selling Euro and buying Yen.
Ein Druckfehler in der Statistik (Buy & Hold, last 260 weeks, Volatilitätsangabe) wurde berichtigt.

Tabelle 31

The Market Timer vom 31.12.2016 auf Seite 4 oben

Basic Strategy	DAX		Bund (Future)		Euro/US-Dollar	
	short	long	short	long	short	long
Maximum Position	125%	125%	500%	500%	250%	250%
in percent of allocated equity						
Last week performance in percent of allocated equity						-0,77%

	Basic Strategy			Buy & Hold DAX		
	N	Return	Vola	N	Return	Vola
Performance per week						
1991-2016 year to date	997	0,44%	3,36%	1.356	0,16%	3,08%
last 260 weeks	190	-0,11%	3,12%	260	0,25%	2,54%
last 52 weeks	50	-0,09%	3,38%	52	0,13%	2,77%
Performance per annum						
1991-2016 year to date (a year equals 52 weeks)	26 1/13	16,71%	20,79%	26 1/13	8,07%	22,18%
last 5 years (260 weeks)	5	-4,04%	19,20%	5	12,79%	18,29%
one year back (52 weeks)	1	-4,46%	23,91%	1	6,64%	19,97%

Tabelle 32

The Market Timer vom 31.12.2016 auf Seite 4 mittig

Supplement	Dow Jones		Nikkei 225		Euro/Yen	
	short	long	short	long	short	long
Maximum Position	125%	125%	125%	125%	250%	250%
in percent of allocated equity						
Last week performance in percent of allocated equity						-1,66%

Supplement	Supplement			Buy & Hold 2 stock markets		
	N	Return	Vola	N	Return	Vola
Performance per week						
1991-2016 year to date	938	0,58%	3,25%	1.356	0,09%	2,39%
last 260 weeks	180	0,45%	2,78%	260	0,25%	2,00%
last 52 weeks	41	0,80%	3,15%	52	0,24%	2,47%
Performance per annum						
1991-2016 year to date (a year equals 52 weeks)	26 1/13	21,00%	19,58%	26 1/13	4,62%	17,20%
last 5 years (260 weeks)	5	16,37%	16,73%	5	12,77%	14,44%
one year back (52 weeks)	1	32,76%	20,26%	1	12,23%	17,82%

Tabelle 33

The Market Timer vom 31.12.2016 auf Seite 4 unten

Full Strategy

All assets mentioned above with their declared maximum positions

Last week performance in percent of allocated equity ... -1,00%

	Full Strategy			Buy & Hold 3 stock markets		
	N	Return	Vola	N	Return	Vola
Performance per week						
1991–2016 year to date	1.218	0,48%	2,78%	1.356	0,11%	2,36%
last 260 weeks	239	0,13%	2,59%	260	0,25%	2,01%
last 52 weeks	52	0,38%	3,07%	52	0,20%	2,47%
Performance per annum						
1991–2016 year to date (a year equals 52 weeks)	26 1/13	22,43%	19,03%	26 1/13	5,77%	17,04%
last 5 years (260 weeks)	5	6,38%	17,88%	5	12,77%	14,52%
one year back (52 weeks)	1	19,75%	22,12%	1	10,37%	17,84%

Tabelle 34

The Market Timer vom 31.12.2016 auf Seite 5 unten

Loss more than 20 % per annum (52 weeks), 1991-2016 year to date							
	Strategy				Buy and Hold		
	Basic	Supple.	Full	DAX	2 St. M.	3 St. M.	
Likelihood	4,42%	5,24%	1,92%	12,39%	13,72%	11,36%
Expected Value	-27,41%	-26,51%	-24,93%	-38,26%	-28,90%	-32,93%
Maximum Loss	-39,45%	-39,92%	-30,81%	-80,98%	-52,47%	-61,32%
Maximum Loss (simple instead of exponential growth)	-32,60%	-32,92%	-26,51%	-55,51%	-40,82%	-45,84%

XI. Am Ziel

Wer das Büchlein bis hierher durchgearbeitet hat, dem eröffnet sich die Chance, zu einer wie auch immer gearteten persönlichen Anlegerstrategie zu gelangen. Sie resultiert aus dem einen oder anderen bewussten Weglassen angeführter Möglichkeiten und einer individuellen Gewichtung der Anlagearten, die aus guten persönlichen Gründen von der im II. Kapitel im Abschnitt Asset Allocation vorgeschlagenen Aufteilung des Gesamtvermögens abweichen kann.

Viele werden sich gegen Market-Timing-Aktivitäten und Immobilien entscheiden, um ihre Anlegerstrategie möglichst einfach zu halten. Sie werden sich oftmals zu einem niedrigeren Aktienanteil und zu einem höheren Anteil an Cash und Bonds entschließen, um Schwankungen in der Höhe ihres Vermögens möglichst gering zu halten. Sie verwirklichen damit das Profil des einfachen Sparers. Als solcher laufen sie jedoch Gefahr, trotz nominellen Zuwachses ihres Vermögens, nach Berücksichtigung von Steuern und Inflation real – in Kaufkraft gemessen – mit ihren Anlagen Geld zu verlieren. Dies gilt insbesondere in Zeiten wie der gegenwärtigen, in der weltweit eine als „Finanzrepression" bezeichnete abgestimmte Politik von Regierungen und Notenbanken dazu führt, dass den Geldanlegern bei der

Rückführung der (Staats-)Verschuldung durch negative
Realzinsen eine besondere Last auferlegt wird. Da
dieser Vorgang in gewisser Weise verdeckt abläuft, ist
er nicht allgemein im Bewusstsein. Weder bei den
Anlegern, noch bei jenen politischen Kräften, die aus
ökonomischem Unverstand in Geldanlagen und dem
zugehörigen Umfeld ohnehin eine Quelle von Übel
erblicken und deshalb für Finanztransaktionen und
Vermögen eine weitergehende (steuerliche) Belastung
fordern. Die dann noch zu der oben beschriebenen, aber
gleichwohl zumeist übersehenen Last negativer Realzinsen hinzukäme und zu einer übermäßigen Beanspruchung der Geldanleger führen würde. Damit würden aber nicht nur diese, sondern aufgrund häufig
ausgeblendeter volkswirtschaftlicher Zusammenhänge
des weiteren die gesellschaftliche Wohlfahrt insgesamt,
geschädigt werden.

Viele empfehlen vor dem Hintergrund der bereits beschriebenen Problematik negativer Realzinsen jetzt
dem Geldanleger ein zügiges Umschichten in Sachwerte, wobei neben Gold, Aktien und Immobilien auch
(exotische) Anlagen empfohlen werden, bei denen die
Bewährung als langfristig erfolgreiche Anlageart noch
aussteht, um es möglichst neutral zu sagen. Doch ein
Abstreifen der Last negativer Realzinsen ist nur insoweit möglich, als die vermehrte Nachfrage nach
Sachwerten nicht deren Bewertungsniveau bereits soweit erhöht hat, dass auch hierdurch die zukünftig er-
zielbare Rendite zusammengeschmolzen ist und auf
diese Weise sich die Last des niedrigen Zinsniveaus

auch auf diese Anlagen übertragen hat. Kluge Anlageentscheidungen müssen im Vorhinein getroffen werden, bevor die Ereignisse eingetreten sind, auf die
Bezug genommen werden soll. Diese Entscheidungen
beinhalten immer das Risiko, dass es in Wirklichkeit
eben anders kommt, als es erwartet wurde. Einfach ist
es nur für denjenigen, der die Sache im Nachhinein
betrachtet. Er weiß genau, wie er sich hätte richtig verhalten müssen. Doch dies kann allenfalls die Basis von
Besserwisserei sein und ist ansonsten ohne Wert. Dass
es aktuell sinnvoll war, auf Sachwerte zu setzen, sagt
angesichts der schon eingetretenen und für den Neu-
anleger eben noch nicht verdienten, sondern aufzu-
bringenden Wertsteigerungen nichts darüber aus, dass
dies auch zukünftig und dann vor allem ohne Rück-
schläge so weiter geht. Eine Aussage, die umso bedeutsamer wird, je kurzfristiger die Zukunft vom Anleger gesehen wird oder – aus welchen Gründen auch
immer – gesehen werden muss.

Es zeigt sich, dass auch im Angesicht aktueller Herausforderungen, die in diesem Büchlein vermittelten
Grundsätze ihre Gültigkeit behalten. Der Aufwand an
Zeit und Aufmerksamkeit, den jemand beim Anlegen
treibt, bestimmt zumindest langfristig den erzielbaren
Erfolg. Wirklich kluge Anlageentscheidungen sind nur
auf dieser (mühsamen) Grundlage möglich und können dann letztlich auch zum Market Timing führen.
Wer es einfacher haben möchte, sollte auch zu Ab-
strichen beim Erfolg bereit sein. Sein Ziel sollte es sein,
nicht den großen Coup zu landen, sondern bedeutende

Fehler zu vermeiden. Das Instrument hierfür heißt
Diversifikation und ist nicht nur im Hinblick auf die
Anlagearten, sondern auch in Bezug auf die Anlagezeitpunkte anzuwenden. Ein ins Auge gefasstes Zu-
wenden zu Sachwerten sollte vor diesem Hintergrund
verschiedene Anlagearten betreffen und insbesondere
schrittweise erfolgen. Es ist eben brandgefährlich sein
Vermögen auf einmal in einem großen Umfang umzu-
schichten. Gegenteilige Ratschläge werden häufig lediglich aus Interesse des Geschäftspartners unterbrei-
tet. Es sei daran erinnert: „there is no free lunch".

Die als „Anlegerstrategie" bezeichnete Zielverfolgung
bei der Geldanlage ist ein permanenter Prozess, den der
Anleger mit dem von ihm selbst gewählten Aufwand
dauerhaft betreiben muss. Er wird dabei nie endgültig
„am Ziel" ankommen. Selbst die Strategie kann im
Zeitablauf nicht unverändert bleiben, weil unvermeid-
lich eintretende Veränderungen an den Finanzmärkten
und in den persönlichen Finanzverhältnissen des Anlegers Anpassungen sinnvoll machen werden. Aus diesem Grund wurde in diesem Büchlein nur ein Rahmen
mit darin eingeordneten Möglichkeiten zur Verfügung
gestellt, der umfangreich genug ist, um es dem Anleger
zu ermöglichen, daraus nach den jeweiligen Erforder-
nissen der Zeit immer wieder neu seine persönliche
Strategie zusammenzustellen.

Anwendungsbeispiel und Erläuterung zu den im II. Kapitel eingeführten Formeln

Kurse und Ausschüttungen von Nestle Aktien in CHF, vgl. S. 90

Jahr	Jahres- schlusskurs	Ausschüt- tung	Ausschüt.- rendite p.a.	(Gesamt-) Rendite p.a.
2006	43,30			
2007	52,00	1,04	2,37%	20,68%
2008	41,60	1,22	2,32%	-20,00%
2009	50,20	1,40	3,31%	22,10%
2010	54,75	1,60	3,14%	11,81%
2011	54,00	1,85	3,32%	1,94%
2012	59,85	1,95	3,55%	13,83%
2013	65,30	2,05	3,37%	12,08%
2014	72,95	2,15	3,24%	14,32%
2015	74,55	2,20	2,97%	5,14%
2016	73,05	2,25	2,97%	0,94%
Im Mittel			3,06%	8,29%
Volatilität				12,21%
Wachstum	5,23% p.a.	8,57% p.a.		

Ausschüttungsrendite für ein Jahr
und einen mehrjährigen Zeitraum

Präzisiert ergibt sich die Ausschüttungsrendite gemäß der Formel von Seite 25 aus: ln(1 + *Ausschüttung / Kurs* vom Vorjahresende)
Im Beispiel für das Jahr 2007: ln(1 + 1,04 / 43,30) = 2,37% p.a.

Der Mittelwert ergibt sich als arithmetisches Mittel:
(2,37% p.a. + 2,32% p.a.+ … + 2,97% p.a.) / 10 = 3,06% p.a.

Wachstumsrate des Kurses für einen mehrjährigen Zeitraum

Der Wachstumsrate für die Jahre 2007 bis 2016 liegen Kurse seit 2006 zugrunde. Sie ergibt sich gemäß der Formel von Seite 27 aus:
ln(73,05 / 43,30) / 10 = 5,23% p.a.

146

Wachstumsrate der Ausschüttung für einen mehrjährigen Zeitraum

Da dieser Wachstumsrate Ausschüttungen seit 2007 zugrunde liegen, bezieht sie sich auf ein Jahr weniger und lässt sich im Beispiel gemäß der Formel von Seite 27 berechnen: $\ln(2,25 / 1,04) / 9 = 8,57\%$ p.a.

Gesamtrendite für einen mehrjährigen Zeitraum

Die Gesamtrendite ergibt sich durch zusammenzählen des Mittelwerts der Ausschüttungsrenditen und der Wachstumsrate des Kurses. Im Beispiel: $3,06\%$ p.a. $+ 5,23\%$ p.a. $= 8,29\%$ p.a.

Gesamtrendite für ein Jahr
und einen mehrjährigen Zeitraum

Die Gesamtrendite für ein einzelnes Jahr bestimmt sich gemäß der Formel von Seite 28 im Beispiel für das Jahr 2007 wie folgt: $2,37\%$ p.a. $+ \ln(52,00 / 43,30) = 20,68\%$ p.a.

Aus diesen einzelnen Werten kann als aritmetischer Mittelwert die Gesamtrendite für einen mehrjährigen Zeitraum bestimmt werden: $(20,68\%$ p.a. $- 20,00\%$ p.a. $+ ... + 0,94\%$ p.a.$) / 10 = 8,29\%$ p.a.

Volatilität

Die Formel auf Seite 28 ergibt die Volatilität, welche der Standardabweichung der Renditen entspricht. Taschenrechner und Computer-Spreadsheets haben meist eine Funktion, die bei Eingabe der Renditen die Standardabweichung oder zumindest die Varianz liefert. Letztere kann dann durch ziehen der (Quadrat-)Wurzel in die Standardabweichung umgewandelt werden.

Erwartete (Mindest-)Verluste für einzelne Jahre

Alle 10 Jahre ist mit einem Verlust in mindestens folgender Höhe zu rechnen: $8,29\%$ p.a. $- 1,282 \cdot 12,21\%$ p.a. $= -7,36\%$ p.a.

Alle 100 Jahre ist mit einem Verlust in mindestens folgender Höhe zu rechnen: $8,29\%$ p.a. $- 2,327 \cdot 12,21\%$ p.a. $= -20,12\%$ p.a.

Anwendungsbeispiel und Erläuterung zu den im IV. Kapitel eingeführten Formeln

Zahlungsversprechen einer fiktiven EUR-Anleihe mit genau fünfjähriger Restlaufzeit und einem Kurs von 101,53

t	Zinssatz	Zahlung	Faktor	Barwert	Anteil	Duration
1	2,15%	2,50	0,9787	2,45	0,0241	0,0241
2	2,15%	2,50	0,9579	2,39	0,0236	0,0472
3	2,15%	2,50	0,9375	2,34	0,0231	0,0693
4	2,15%	2,50	0,9176	2,29	0,0226	0,0904
5	2,15%	102,50	0,8961	92,05	0,9066	4,5332
Summe				101,53	1,0000	4,7641

Der Faktor ergibt sich aus: $e^{-Zinssatz \cdot t}$
Der Barwert ergibt sich aus: *Zahlung · Faktor*
Der Anteil ergibt sich aus: *Barwert / (Gesamt-)Barwert bzw. Kurs*
Die Duration ergibt sich aus: *t · Anteil*

Interner Ertragssatz (IRR)

Die Formel auf Seite 45 ergibt durch Einsetzen der Zahlungsversprechen einen Barwert. Durch Probieren lässt sich der IRR so bestimmen, dass der Barwert mit dem Kurs übereinstimmt. Taschenrechner und Computer-Spreadsheets haben meist eine Funktionalität, die bei Eingabe der Daten den IRR aufgrund ihrer Rechengeschwindigkeit (scheinbar) sofort liefert. Dieser Wert muss, dann allerdings noch durch Logarithmieren in eine stetige Rendite umgewandelt werden. Im Beipiel: $\ln(1 + 0,0217) = 2,15\%$

Barwert aufgrund von Spot Rates und Nettobarwert

Die Spot Rates im Beispiel sind fiktiv. Unter ihrer Zugrundelegung lässt sich analog zu obiger Berechnungstabelle ein Barwert bestimmen. Vom so ermittelten Barwert ist der Anschaffungskurs abzuziehen, um zum Nettobarwert zu gelangen.
Im Beispiel: $101,47 - 101,53 = -0,06$

t	Zinssatz	Zahlung	Faktor	Barwert	Anteil	Duration
1	0,30%	2,50	0,9970	2,49	0,0245	0,0245
2	1,00%	2,50	0,9802	2,45	0,0241	0,0483
3	1,60%	2,50	0,9531	2,38	0,0235	0,0704
4	1,90%	2,50	0,9268	2,32	0,0228	0,0913
5	2,20%	102,50	0,8958	91,82	0,9044	4,5219
Summe				101,47	0,9993	4,7564

Duration

Die Duration ist ein auf F. B. Macaulay aus dem Jahre 1938 zurück-gehendes Konzept und hat seither eine Weiterentwicklung in einer Vielzahl von Varianten erfahren. So kann die Duration sowohl auf der Grundlage des IRR als auch von Spot Rates ermittelt werden. Vergleiche hierzu obige Berechnungstabellen sowie für einen tieferen Einblick in die damit verbundenen Möglichkeiten der Duration für eine „Immunization" genannte, das (Zinsänderungs-)Risiko begrenzende Anlagestrategie den Artikel: R. L. Weil „Macaulay's Duration: An Appreciation", Journal of Business, 46 (October 1973), S. 589 ff.

Wir beschränken uns im Folgenden auf den einfachsten Anwendungs-fall, in dem die Duration auf der Grundlage des IRR ermittelt wird und das Risiko nicht nach unterschiedlichen Zinsverschiebungen innerhalb der betroffenen Fristen differenziert betrachtet wird, sondern ent-sprechend dem Wesen des IRR einheitlich über die gesamte Zeit vorgenommen wird. – Die prozentuale Veränderung des Kurses ist, selbst wenn der Kurs als Prozentnotierung ausgewiesen wird, nicht einfach von diesem abzuziehen, sondern mit diesem zu multiplizieren, um die (befürchtete) Wertveränderung des Bonds zu ermitteln. Darin kommt der relative bzw. prozentuale Charakter des Konzepts zum Ausdruck. Dies zeigt sich auch bei der Veränderung des Zinsniveaus um einen Prozentpunkt, welches nicht absolut gesehen werden darf, sondern zur Höhe des Zinsniveaus in Relation gesetzt werden muss. Die einprozentige Erhöhung des IRR ist durch Teilen mit (1+IRR) in Beziehung zu setzen. Im Beispiel: 1,00% / 1,0217 · -4,7641 = -4,66% Alternativ kann statt Teilen mit 0,9787 multipliziert werden. Dieser Faktor stellt zum einen den Kehrwert dar und ist zum anderen aus der *stetigen* Rendite 2,15% direkt ableitbar. Vgl. hierzu die erste Tabelle.

Erläuterung der verwendeten
Abkürzungen und Fachausdrücke

Aktienindex →*Performance*- oder Kursentwicklung eines „virtuellen" und einen (Teil-)Markt repräsentierenden →*Portfolios*, siehe S. 67

Bonität Kreditwürdigkeit

Buy & Hold (Kaufen & Halten): Erwartung langfristig steigender Kurse (präziser: positiver →*Performance*)

bzw. beziehungsweise

ca. circa (ungefähr)

CET Central European Time (Mitteleuropäische Zeit)

CFDs Contracts for Difference (Differenzkonrakte), siehe S. 126 f.

CHF Schweizer Franken

DAX Deutscher →*Aktienindex*, siehe S. 74

Dow Jones US →*Aktienindex*

Duration (1.) mittlere Zeit(spanne) der Kapitalbindung, siehe S. 46 f. (2.) prozentualer Kursverlust bei einem Anstieg des Zinsniveaus um einen Prozentpunkt, wobei das Zinsniveau entweder durch →*Spot Rates* oder vom →*IRR* repräsentiert wird, siehe S. 47 f. und S. 148 f.

ETFs Exchange-traded Funds (Börsengehandelte →*Fonds*), siehe, S. 69

EUR Euro

f. ff. folgende (eine oder mehrere)

Fonds Durch eine Investmentgesellschaft verwaltetes Sondervermögen zu Gunsten der Anteilsinhaber des Fonds

Futures (Terminkontrakte), siehe S. 126

Gearing (Hebel): Faktor zwischen den insgesamt betrachteten Mitteln und den Eigenen Mitteln – Der Begriff wird hier in einem verwandten, aber nicht bedeutungsgleichen Sinn von „Financial Leverage" (Verschuldungsgrad) gebraucht und lässt sich in diesen durch den Abzug von 100% betragsmäßig überführen. Hier ist jedoch der „Gearing-Faktor" als reziproke Eigen-Mittel-Quote und mithin auch als Ertragselastizität definiert.

go long	(Kaufen): Erwartung kurzfristig steigender Kurse (präziser: positiver →*Performance*), siehe S. 123
go short	(Leerverkaufen): Erwartung kurzfristig fallender Kurse (präziser: negativer →*Performance* für das Objekt, die durch Leerverkauf zur positiven Performance für die (Short-)Position wird), siehe S. 123
IRR	Internal Rate of Return (Interner Ertragssatz), siehe S. 46 und S. 148
Likelihood	(Wahrscheinlichkeit): relative Häufigkeit
MSCI Emerging Markets	→*Aktienindex* für die Schwellenländer, siehe S. 76
MSCI World	Weltweiter →*Aktienindex*, siehe S. 77
N	Anzahl der relevanten Perioden (z. B. Wochen oder Jahre)
Nikkei 225	Japanischer →*Aktienindex*
p.a.	per annum (pro Jahr)
Performance	(Gesamt-)→*Rendite* als Ergebnis von Kursentwicklung und Ausschüttungen unter Beachtung der →*Volatilität* oder eines anderen Risikomaßes – Der Begriff bezieht sich bei einem →*Aktienindex* nicht auf die Beachtung eines Risikomaßes, sondern auf die Wiederanlage der Ausschüttungen.
Portfolio	Zusammenstellung der Objekte nach Art und Menge – Der Begriff wird hier auf die Zusammensetzung des betrachteten Vermögens bezogen.
Rating	Benotung der Kreditwürdigkeit, siehe S. 49 f.
Return	(*Rendite*): Maß für die Rentabilität einer Anlage, wobei für Zeiträume mit mehreren (Teil-)Perioden der Mittelwert der Renditen gilt, siehe S. 25 ff.
S.	Seite
SMI	Schweizer →*Aktienindex*, siehe S. 75
Spot Rates	(Zinssätze gemäß Fristenstruktur), siehe S. 39
USD	US-Dollar
usw.	und so weiter
vgl.	vergleiche
Vola	Volatility (*Volatilität*): Maß für das Risiko einer Anlage, Standardabweichung der Renditen, siehe S. 28 f.
WKN	(deutsche) Wertpapierkennnummer
z. B.	zum Beispiel

Kontaktmöglichkeit

Fragen und Anmerkungen können gerne per E-Mail an mich gerichtet werden:

anlegerstrategie@cornelius-spahn.com